JN196972

The 参謀

歴史に学ぶ起業家のための経営術

松本隆宏
Takahiro Matsumoto

はじめに

優れた経営者には優れた「参謀」がいる

最初に質問です。

あなたには、困ったとき、率直に相談できる相手はいるでしょうか？

私はこれまで「地主の参謀」というコンサルティング業を営むなかで、多くの地主さんや経営者の方にお会いし、数々の経営に関わる悩みを聞き続けてきました。

その悩みを分析した結果、私がたどり着いたのは、ある一つの結論です。

それは、

「多くの経営者や地主たちが悩みを抱えるのは、適切な相手に相談し、彼らの力を借りていないからである」

というものです。

「参謀」というと、中国の三国志時代に蜀の初代皇帝となった劉備玄徳の軍師であった諸葛孔明や、織田信長、豊臣秀吉、徳川家康という戦国期の天下人3人の軍師をつとめた黒田官兵衛などがイメージされるかもしれません。

しかし、軍師や参謀が重要視されたのは、歴史上だけではありません。古今東西の優れた経営者たちは、みな一様に、他人の力を借りる大切さを知っていました。

「自分以外の人間に頼むことができて、しかも彼らのほうがうまくやってくれるとしたら自分でやる必要はない」

（自動車王、ヘンリー・フォード）

「人間は、優れた仕事をするためには、自分一人でやるよりも、他人の助けを借りるほうがいいものだと悟ったとき、その人は偉大なる成長を遂げるのである」

（鉄鋼王、アンドリュー・カーネギー）

ほかにも、「独断は危険」とし、一人ひとりの知恵を借り、衆知を集めた「全員経営」を掲げた松下幸之助。

孤高の天才というイメージの強いアップルのスティーブ・ジョブズも、グーグルの創業期を支えたことで知られる名コーチのビル・キャンベルに毎週のようにアドバイスを求めていたと言われています。

このように、優れた経営者は自分だけの力に頼らず、他人の力や能力、アドバイスを上手に取り入れていた人々ばかりです。

どんなに優れた人間でも、一人の力でできることには限界がある。優秀な経営者であればあるほど、その事実を知り、他人の力をうまく借りることが重要だと体感的に理解していたのでしょう。

そして、別の言い方をするならば、彼らは目的を共有し、目的地に達するまで自分の可能性を探り続けてくれる、「良き参謀たち」に恵まれた人々ともいえるのです。

必要なのは、専門家を取り仕切る「参謀」

現代におけるほぼすべての企業は、財務については税理士へ、融資については金融機関へ、法務については弁護士へ……といった具合に、分野ごとに外部の専門家の意見を頼っています。

特にこの十数年の間で、経営者が専門家に頼る場面は急増しています。財務や法務のみならず、ITシステムやデジタル対策、社員のメンタルケアをはじめとする労務管理、SDGsなど新たな企業義務に関するインプットまで、一つの企業がやることは山ほどあります。

プロに負けない知識をたった一人の人間が頭に詰め込むのは限界があるので、専門家の意見を取り入れることが必要になります。それに伴い、判断するために必要な情報量も増え、外部の専門家の意見に頼らざるを得ないのです。

大企業であれば、外部の専門家の知見を得た際、社内にいる補佐役やその分野に長けた社員たちが検証したデータをもとに、経営者は今後の方針をまとめることができるかもしれません。

ですが、少数精鋭が基本である中小企業の場合は、自分たちだけで膨大な量の専門知識を検証することは非常に難しい場面も多くあります。結果、経営者のなかには、「難しいことはひとまず全部専門家に任せ、右から左へと流してしまう」という方も少なくないでしょう。

ただ、この傾向について、私は危惧しています。

専門家はあくまでそのジャンルの知識に長けた専門家であり、〝経営のプロ〟ではありません。また、あなたの会社以外にも多数のクライアントを抱えているため、本気で親身になって考えてくれるとは限りません。

専門家がやっているのは、あくまで「専門家の立場からの最適解」です。専門家は自分で身銭を切って会社を運営しているわけではありません。その点でも、「経営者の視点」が大きく欠けているのです。

特定の専門家の意見を部分的に取り入れることで全体にひずみが生まれ、経営方針を見誤ってしまう経営者の方は少なくありません。そのような事態を防ぐためには、全体を統括し、経営者と同じ視点で見てくれる「参謀」の存在が必要なのです。

「経営者に寄り添う伴走者」の必要性

ここで少しだけ、私の話をさせてください。

現在、私は「地主の参謀」という地主専門のコンサルティング業を中心にビジネスを行っています。「地主の参謀」を立ち上げた理由も、地主の土地運営において、一部の専門家だけの視点ではなく、総合的に全体を見る「経営者的視点」の必要性を強く感じたことが発端です。

私の両親の実家は、共に神奈川県相模原市の地主でした。地主というと、「不労所得でお金を得て悠々自適に暮らしている人」と思われがちですが、その内実は経営者とあまり変わりません。

きちんと税制を理解し、弁護士や税理士といった専門家たちとやり取りをし、土地を有効活用していかないと、不動産は資産どころか負債になりかねない。

にもかかわらず、「地主＝裕福」だと思われがちなので、トラブルにも巻き込まれやすいのです。


いざ自分が不動産業界に入り、さまざまな方の悩みを聞く機会が増えていくと、かつての経験がフラッシュバックします。

「あのとき、もし専門家だけに頼らず、適切な知識があり適切な判断ができれば、先祖代々受け継いできた大切な土地を手放さずに済んだかもしれない」との思いが、ひしひしと募るようになっていきました。


当時関わった専門家の方々が悪かったと言いたいわけではありません。でも、総合的な視点を持って地主に寄り添ってくれる「伴走者」のような存在がいれば、もっと幸せになれる地主が増えるのではないか。

そう考えたことが、日本で最初の地主専門のコンサルタント「地主の参謀」へと結びつきました。

今、あなたが
「専門家の意見を聞いているのに、どうしても業績が上がらない」
「強い目的意識は持っているのに、達成できていない」
こんな違和感を抱いているのであれば、それは共に伴走してくれる「参謀」が不在だからです。

私自身、これまで数多くの地主や経営者たちが参謀を置くことで飛躍的に業績を伸ばし、ビジネスにおけるブレイクスルーを多々見つける様子を目の当たりにしてきました。

生まれながらの天才的な経営者でなければ、優れた業績は残せない。
知識もない自分が、時代の波にキャッチアップするのはもうムリだ。

これは、ただの思い込みです。

すさまじい成果を残す経営者たちは、優れた参謀を見抜き、その力を上手に借りるのがうまい。もちろん人の力を借り、意見を聞き、実行に移すのは簡単ではないし、時に大きな変革が必要かもしれません。しかし、多くの経営者の方が想像するほど、難しいことではないと私は思います。

なお本書ではわかりやすく表現するために、自分を導き、常に気づきを与えてくれる存在を総称して「参謀」と呼んでいます。ただ、人によっては「コーチ」「顧問」「先生」「先輩」「師匠」「メンター」などの名前で呼んでいる存在が、まさに「参謀」に当てはまるかもしれません。

本書でも「参謀」の定義は今後解説していきますが、端的にいえば、あなたが将来達成したい目標に向かってきちんと走っているかを定点観測してくれ、時には激励し、時には厳しいアドバイスもくれる。そんな存在こそが、「参謀」と呼べるのです。

あなたが幸せな経営者になるためのカギは、「参謀」が握っているといっても過言ではありません。本書を通じて、ぜひそのカギを探してみてください。

松本隆宏

CONTENTS

The 参謀　歴史に学ぶ起業家のための経営術

第2章

「参謀」というゼネラリストを置く重要性――042

第3章 参謀のあるべき姿――076

第6章 目標を達成するセルフマネジメント —— 144

第1章

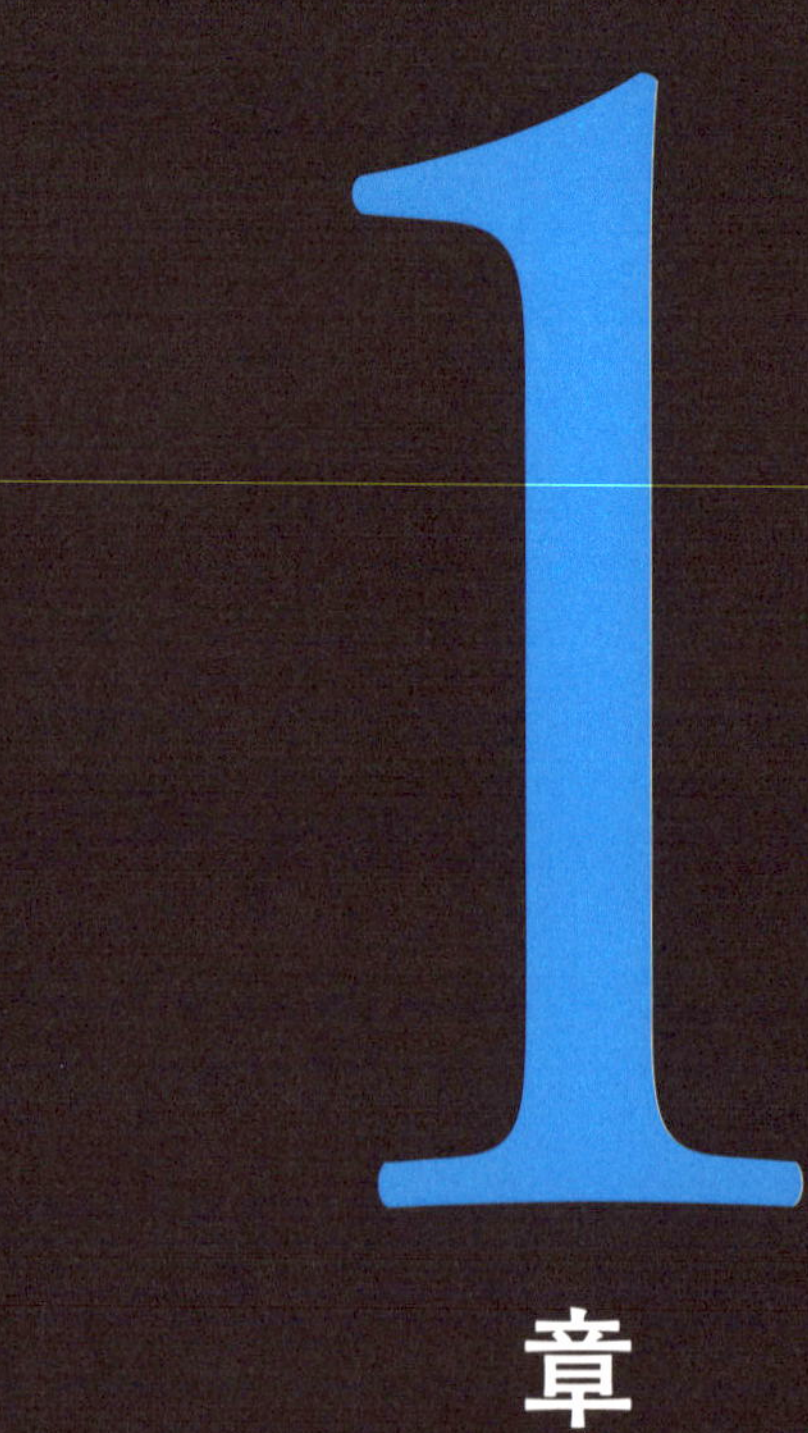

参謀＝人生のコーチ。経営も人の力を借りていい

愚者は経験に学び、
賢者は歴史に学ぶ

初代ドイツ帝国宰相
Otto von Bismarck
オットー・フォン・ビスマルク

なぜ、多くの経営者は「経営」を他人に習わないのか？

学生時代を振り返れば、塾や予備校に通い、教育のプロである先生に勉強を教わるし、部活動では経験のある顧問の先生に教わった人も多いでしょう。野球でもサッカーでも水泳でも習字でもピアノでも、先生やコーチに習ったはずです。

これは、社会人になってからも同じです。

何か新しいことを学びたい。

現状伸び悩んでいるから、今の技術にもっと磨きをかけたい。

もっと違う自分の可能性に出会いたい。

そう思ったとき、みなさんは真っ先にどんな行動をとるでしょうか？

ゴルフの腕を上達させたい人であれば、「ゴルフ教室に通う」「ゴルフコーチのレッスンを受ける」などの選択肢が思い浮かぶでしょう。
英会話を始めるなら英会話教室に通ったり、英語圏の語学教師に習ったりするでしょう。

どんなジャンルにおいても、自分の持っていない知識を持つ先達が存在します。そして、**人は何か新しいことを学んだり、自分の知識を深めたりするために、スキルや知識を持つ先生やコーチを頼る。**これは、世間では当たり前に受け入れられています。

しかし、**なぜか経営については、「誰かに習う」ということをしません。**考えてみると、これはとても不思議なことだと私は思います。

私自身も経営者のはしくれとして常日頃思うのですが、会社を経営している人にとって経営判断やセンスは自分の最大の武器であり、常に磨きをかけるべきものです。**今の知識やスキルにさらに磨きをかけるべく、他人から経営を教わる機会があってもよいはず。**

なのに、**多くの経営者の方は、ゴルフコーチのレッスンは受けても、経営のコーチを頼むという発想は持ちません。**むしろ世の中には、我流で判断を行い、他人の意見を聞かない経営者が溢れています。

「ビジネスは人に教わるものではなく、経験値で学んでいくものだ。だから人から教わる必要はない」との反論もあるでしょう。

ですが、会社員の場合、新入社員は上司や先輩から教わり、知識を共有してもらうのが常識です。また、いかにベテランの会社員であっても、研修などで最新知識をインプットするものです。

社内の社員に向けては、さまざまな専門家を呼んで研修をして知識やスキルのアップデートを行うのに、なぜか自分の経営スキルをアップデートする経営者は非常に少ない。

これには大きな矛盾を感じています。

「ボタンを押せば必要な情報は手に入る」と語ったフォード

優秀な経営者ほど、実は人の力を借りています。

世界初の大量生産車となった「T型フォード」などを生み出したアメリカの自動車王、ヘンリー・フォードのエピソードをご紹介したいと思います。

世界的な大富豪であったフォードですが、第一次世界大戦中、新聞で「無知な平和主義者」だと書きたてられたことがありました。それに怒りを覚えたフォードは、その記事を出した新聞社を名誉棄損で訴えた。

裁判において、新聞社側の弁護士は、「いかにフォードが一般知識を持たない人間であるか」を知らしめるため、独立戦争の士官の名前や、独立戦争にイギリスがアメリカへと送り込んだ兵隊の数などについて、彼を質問攻めにしたと言われています。

フォードは大学などで高等教育を受けてはいないので、これらの知識には疎かった。

ただ、これらの質問に対しフォードは、こう答えたと言います。

そのような質問をするなら、私はあなたに言っておきたいことがあります。**私のデスクの上にはたくさんのボタンがあります。そのなかの正しいボタンを押しさえすれば、私が必要としている知識を持った部下がすぐに来てくれます。**私がどうしてあなたに答えるために、一般知識を全部詰め込んでおく必要があるのでしょうか？

（引用元：『思考は現実化する』きこ書房／ナポレオン・ヒル 著／田中孝顕 訳）

つまりフォードは、自分自身が一般知識を持たずとも、自分は必要なときに必要な知識を得る方法を持っている。そして、その知識を上手に活用できるから、自分はアメリカの大富豪としての立ち位置を確立できたのだと、裁判で暗に伝えたのです。

このエピソードが物語っているのは、**自分で何でも知っていて実行できる人が優れ**

ているわけではない。フォードのように、力を借りるべき人を見極め、その人の力を上手に借りて成果を発揮できる人こそが優れているという事実です。

参謀は人生における「カーナビ」のような存在

「愚者は経験に学び、賢者は歴史に学ぶ」

これはプロイセン・ドイツの政治家で、「鉄血宰相」とも呼ばれたオットー・フォン・ビスマルクの言葉です。

愚者とは、自分で失敗をしないと失敗の原因を学ぶことができない人物のこと。すなわち、自らの「経験」からしか学ぶことができない人を意味しています。

一方で**賢者とは、自分は経験しておらずとも、先人たちが経験したことを「歴史」から学び、より多くの経験や知識を身につけ、失敗を避けることができる。**

これは、経営者にも当てはまります。

成果をあげられない経営者は、他者からは学ばず、自分が失敗して初めて失敗を学びます。一方、成果をあげられる経営者は、自分よりも経験のある経営者たちから知識や知恵を学び、人よりも高い成果を出すことができ、着実に成長を重ねられるのです。

私は、誰かを参謀に選ぶのならば、この**「自分よりも経験のある経営者たち」**こそ、ふさわしいと思います。

参謀とは、たとえるならば「カーナビ」のようなもの。

私はどこかへ行くとき、目的地までの道がわかっている場合でもカーナビを設定するようにしています。

カーナビは、自分が知っている以外の多様なルートを教えてくれるからです。

自分が知っている道を通るのが悪いわけではありません。ですが、カーナビに目的地を設定すると、一般道路や高速道路、裏道を通るルートなど、複数の道を提案してくれます。なかには、「こんな道もあるのか」「この道は知らなかった」というルートもあるでしょう。

「とにかく急いでいるので最短ルートで行きたい」
「今日は時間があるからお金のかからないルートを通ろう」
「せっかく景勝地が近いのだから、景色のいいルートで行こう」
など、目的によってルートの選択肢も生まれます。

参謀は、あなたの設定する目的地に向かって、いろいろなルートやり方を探ってくれる存在です。そして、**仮にあなたが失敗したとしても、「こちらの道を通れば目的地にたどり着けるよ」と選択肢を提示してくれる。**

経営という孤独で困難な道を歩むうえで、これほど心強い存在はいません。

参謀の力を借りたことで、

「これまでうまくいっていなかったビジネスが軌道に乗った」

「その人のアドバイスのおかげで新しいビジネスが展開できた」

「知恵を借りたおかげで、行き詰まっていたプロジェクトが進展した」

などの良い結果を生むことができた人は少なくありません。


むしろ、優秀な経営者であればあるほど、**「時に参謀の一言が経営の成果を左右する」**という事実を否定する人はほぼいないでしょう。

参謀を置くことで人生は切り開ける

事実、私も数々の参謀たちの力を借りてきた経営者の一人です。

私は昭和51年4月13日に神奈川県相模原で生まれ、父は消防士で公務員、母は幼稚園の先生という、ごく普通の公務員家庭で育ちました。


学生時代はとにかく野球漬けの毎日で、日大三高の主力選手として甲子園に出場し、進学した法政大学でも野球部員として活動。社会人野球を目指しましたが、身体的な限界を感じたことから建築会社へ就職し、穴吹工務店を経て、25歳でハウスメーカーの住友林業に入り、注文住宅担当の営業マンへと転身しました。

中途で入社したため、同い年の社員よりその会社の商品知識や経験値は少ない。しかし、同じだけの営業成績を求められます。当然のように成績は伸びず、ストレスから蕁麻疹を発症するほどでした。

毎日、「どうしたら営業成績を伸ばすことができるのか」と悩んでばかりの日々に出会ったのが、A先輩という一人の「参謀」です。

A先輩は私より5歳年上で、同じ会社の寮に住んでいました。前職は設計士で今は営業マンとして活躍しているA先輩は、緻密な計算を駆使して、効率よく成績を上げる方法を身につけていました。

自分が会社で業績を上げるには、この先輩に方法を聞くしかない。

そう決意した私は、A先輩に「どうしたら営業成績が伸びるのですか？」と質問すると快く教えてくれ、毎日のように彼の特別授業を受けることに。

A先輩という「参謀」を得た私は、その知識を乾いたスポンジのようにぐんぐんと吸収し、仕事に実践するようにしました。気がつくと私の成績はどんどん上がっていき、ついには全国で表彰されるまでに成長していたのです。

A先輩という良き「参謀」を得なければ、きっといまだに自分はくすぶったままだったでしょう。

ハウスメーカーの仕事を続けるなかで、お客様から相続や資産運用について相談される機会も徐々に増えていきました。かつて両親や親族が不動産によって悩む姿を見てきたこともあり、「資産家や地主が抱える悩みをなんとか解決する方法はないだろうか」と考えるようになりました。

その想いから30代前半で起業し、30代中盤から日本で唯一の「地主専門のコンサルタント」として事業を開始します。

ただ、起業はしたものの、事業がうまく立ち行かず、日々悩みは尽きません。そんな折に出会ったのが、高橋敏浩さんという新しい「参謀」の存在でした。

高橋さんは人材教育のプロで、彼の講演やコーチングを受け、「自分の強みは何か」「自分の目的は何なのか」を突き詰めたことから、目の前の霧がパッと晴れ、一気に視界がクリアになったのです。

ほかにも、私にビジネスマインドを教えてくれる方やコンサルタントとしての視点をアップデートしてくれる方など、さまざまな「参謀」がいらっしゃいます。

彼らに支えられているからこそ、困ったときでも自分自身の現状を見直し、目標に向かって前進することができる。私にとって、人生における指針のような存在です。

経営者の3つのタイプ

まず経営者は、大きく分けて次の3つのタイプが存在します。

図 01 経営者の３つのタイプ

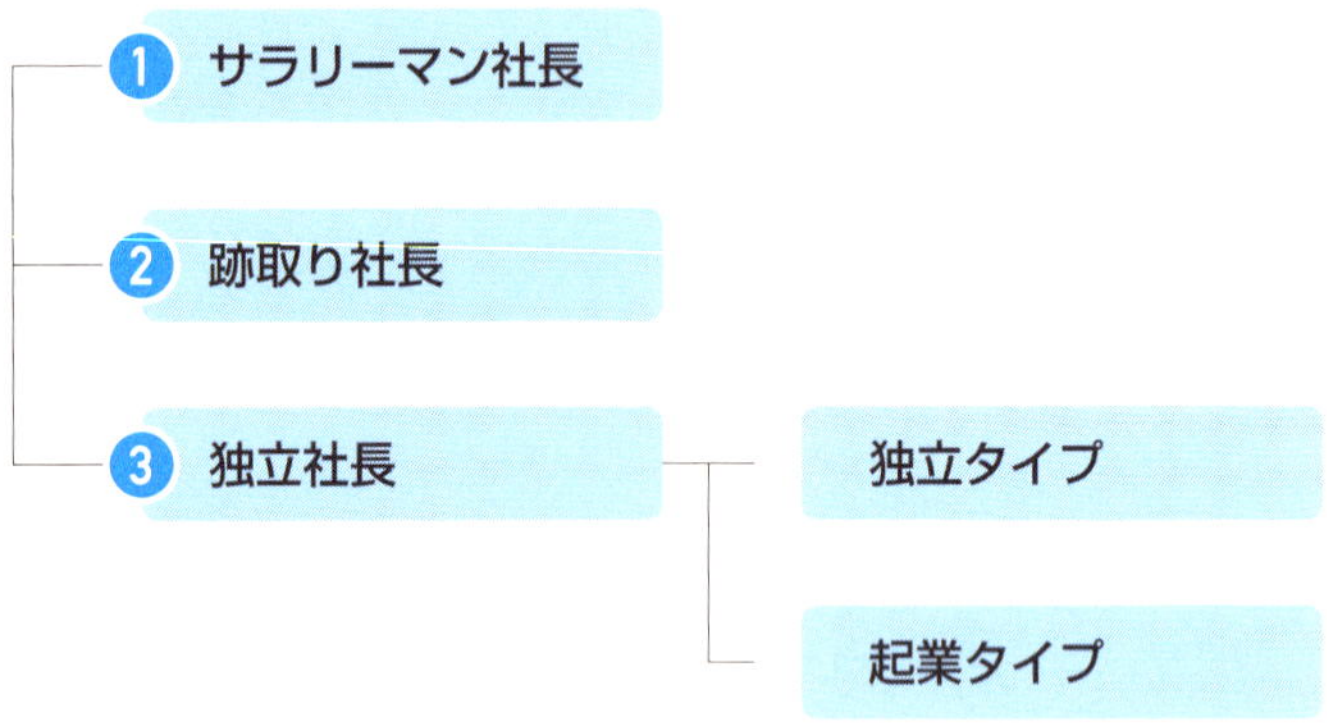

- ❶ サラリーマン社長
- ❷ 跡取り社長
- ❸ 独立社長
  - 独立タイプ
  - 起業タイプ

❶ サラリーマン社長
❷ 跡取り社長
❸ 独立社長

❶ サラリーマン社長は、大企業などでよくみられる経営者のことです。長年その会社に勤め続け、出世競争を勝ち抜いて社長になった経営者もいれば、数々の企業を渡り歩いてきたプロ経営者も含まれます。

❷ 跡取り社長は、親子代々伝わる同族企業の跡取りを意味しています。

そして、❸独立社長は、不動産会社へ就職した後、独立して不動産業界で事業をするようなケースです。

経営者のなかでも、この3つの分類を意外と意識していない方は多いのですが、分類を理解することは非常に大切です。なぜなら、同じ経営者といっても、分類次第で求められる能力や必要な視点は大きく変わってくるからです。

そして、独立した社長は「独立」と「起業」の2タイプに分かれます。

なかでも特に参謀が必要なのは、ゼロからイチを生み出さなければならない起業タイプです。新しく起業した人たちは知見を持っていないので、経験のないところに道を作らなければなりません。

しかし、どのタイプの社長であっても、「業績を改善するためには何をすればいいのか」「どこを見て走ったらいいかわからない」という時期は必ずあります。

新たに道を切り開いた同業・異業種の先輩経営者たちは、どんな思いだったのか。どうやって突破したのか。それを知りたいと思うものでしょう。

富士山を登るとき、独力で登るのはたやすいことではありません。しかし、富士吉田口や須走口などさまざまな登山道があり、先人が記したルートがあるため、誰しも富士山を登ることができます。

参謀とは、そんな人生という高い山の登り方を教えてくれる存在です。自分よりも豊かな知識と経験を持った参謀たちの存在が、より一層大切だとわかっていただけるのではないでしょうか。

参謀は、あなたの気づかない可能性を教えてくれる

参謀から教えを請うことで得られるメリットは多々あります。後述しますが、先に一つ参謀を得る最大のメリットを挙げるなら、**「自分の気づかない点を気づかせてく**

れる」という点でしょう。

自分自身のことは、わかっているようで意外とわからないもの。だから、誰かに客観的に自分を見てもらう視点が大切なのです。

税理士やコンサルタントに頼めば、部分的にはテクニカルなアドバイスをくれるでしょう。しかし、経営者でないケースも多いのが実情です。経営者にしかわからない包括的な目線や共感、想いがわかる人間のほうが、的確なアドバイスができるはずです。

半分の水が入ったグラスを見て、「半分も入っている」と考えるのか、「半分しか入っていない」と考えるのか。同じ物でも、立場が異なれば見え方も違うものです。

これと同じように、自分のアイデアや事業には可能性があるのに、気づかずに終わっている可能性は十分にあります。**参謀は、あなたの中に埋もれている可能性を見出し、適切なアドバイスをくれる存在でもある**のです。

10年前の自分に、もしも参謀がいたならば？

参謀を置くことをおすすめする際、私がいつも口にすることがあります。

それは、**「現在の自分が、もし10年前の自分にアドバイスできたなら、今の人生はどう変わっていたと思いますか？」**という質問です。

知識も経験も豊かになった今の自分が、10年前の自分を目の前にしたら、適切なアドバイスをできると誰しも思うのではないでしょうか。

「こんな事業を展開したほうがいい」
「その時期には、この仕事に時間を割かないほうがいい」
「そのご縁は大切だから、関係性を大事にしたほうがいい」

など、それぞれの仕事や出会いの重要性を教えることができたでしょう。

そのアドバイスがあったなら、遠回りせずに成果を出すことができたかもしれないし、より大きな成果を出せたかもしれない。あるいは、大きな失敗を防ぐことができたかもしれません。

私は現在48歳ですが、仮に38歳の自分にアドバイスできるなら、当時よりも経験豊富な自分の視点で、いろいろと口を出したくなることがあります。

逆に、58歳の自分がいたら、今よりもっと経験豊富になっているはずなので、話を聞いてみたいと思います。

しかし、過去の自分にアドバイスすることも、未来の自分からアドバイスをもらうこともできません。では、どうすればいいのか。完全に同じ自分ではないけれども、**自分と同じような道を辿ってきた先達を見つけ、助言を仰げばいいのです。それが「参謀」です。**

参謀のアドバイスがあれば、誰の意見も聞いていない自分より、大きな成果を手にできるはずです。

参謀の役割はティーチングではなくコーチング

経営を人から教わらず、アドバイスを求めない人が多いのは事実です。なぜ、多くの方が「参謀」や「アドバイザー」に拒否反応を示すのか。それは、日本の学校教育の影響ではないかと私は考えています。

日本では戦後、長年にわたって詰め込み型の教育が重視されてきました。詰め込み型教育の弊害は、生徒の個性を考えず、画一的な知識を子供に教えること。今まで教わった先生は、決まったカリキュラムを一方通行で淡々と伝えるだけの人が多かったのではないでしょうか。

しかし**参謀は、一方的に物事を教える「ティーチング」とは違い、その人がなりたい方向や求める目的に合わせて、行き先を教える「コーチング」をしてくれる存在**です。

一番イメージが近いのは、スポーツにおける「コーチ」のような存在でしょうか。
たとえば、オリンピック出場を目指すアスリートの大半には、コーチがついていま
す。優秀なコーチは、上から目線で何かを一方的に教える存在では成り立ちません。
最初にその選手の目標を知り、そのうえで特性や目的、性格、身体能力などを細かく
把握し、トレーニングメニューを考え、適切なアドバイスを行います。

ビジネスにおける参謀の役割も、同様です。
「もっと業績をよくしたい」
「社内改革したい」
「ビジネスモデルを一新したい」
といった目標に向かって、「どんな施策が効果的なのか」「現代で求められているモ
デルはどんなものなのか」「成果を出している経営者は何をしているのか」といった
知識や武器、攻略方法を教えてくれる。それが、コーチである参謀の役割です。

今の日本の企業経営に圧倒的に足りないのは、このような「参謀」です。

アスリートがコーチを付ける感覚で「参謀」を導入する中小企業の経営者が増えたなら、日本経済はもっと発展する。そう私は確信しています。

第

章

「参謀」という
ゼネラリストを置く重要性

己よりも優れた者に
働いてもらう方法を
知る男ここに眠る

アメリカの実業家・鉄鋼王
Andrew Carnegie
アンドリュー・カーネギー

ビジネスとは個人競技ではなくチーム競技である

ビジネスは個人競技ではなく、チーム競技である。この考えがあるかないかで、経営の成果が大きく変わってしまうものだと、私は断言します。

ところが、この事実を受け入れている経営者は決して多くありません。

大前提として、経営者には優秀な方が多い。今、本書を読んでいるみなさんも、他人より優れているから経営者という椅子に座っているのは間違いありません。

しかし、そんな経営者ほど「自分にはできないことはない」という考えに陥りがちで、他人の力を借りるのが下手な人も多いのです。

私の後輩にも人一倍努力家で、何でもできる器用なマルチタスカータイプの経営者がいます。彼は非常に優秀な人物にもかかわらず、ここ数年、業績がどうしても伸び悩んでいました。

「なぜこんなに能力のある人が、経営で成果を出せないのか?」

そう疑問を抱いた私は、彼の働き方について、具体的にどのような実務を行っていて、どれだけ時間を割いているのかを質問してみました。

すると、彼は経理やIT周辺の整備、PRなど、かなりの部分の仕事を自分で行っていると答えたのです。

これには、私も驚きました。たしかに彼は優秀な人物ですが、あれもこれもと仕事に手を出しすぎては、オーバーワークになるのは当然です。

また、優秀な人ほど「他人に任せるよりも、自分でやったほうが早い」と考え、何でも自分でやろうとしてしまうもの。ですが、本来やるべき仕事に注ぐエネルギーや時間が削られていくのも当然のこと。

彼が本業に100%の力を投入することができたなら業績は上がり、新たなビジネス展開が望めることでしょう。

そこで私は彼に **「〝自分にしかできないこと〟にフォーカスし、価値を最大化する**

ように意識してはどうか」とアドバイスしました。最初はその言葉に戸惑いを見せていましたが、現在は少しずつ他人に任せるという選択肢が生まれ、良いチームを形成しつつあります。

チーム競技で勝利するコツは「他人の力を借りること」

これは、スポーツに置き換えるとよくわかります。

水泳や陸上、体操、アイススケートなど個人競技の場合は、あくまで自分との戦いという面が大きいでしょう。いかに自分の能力をストイックに磨き上げていくかが勝負です。

一方、野球やサッカー、バスケットボールなどの団体競技はチーム戦です。野球漬けの日々を送っていた私からすると、チームで高い成果をあげるには、他人の力を上手に借りることが重要だというのはよくわかっています。

野球選手の場合、同じチームであっても、外野手はキャッチャーやピッチャーなどポディションにより求められる能力が異なります。各人が異なる能力を持ち合わせ、その能力が発揮されるポディションで互いに役割を理解し、任せ合いながら手を組んでゲームを作り上げていく。それが、チーム競技です。

これはビジネスの世界でも同じです。社会に出れば、それぞれ専門分野が違う者同士が手を組み、プロジェクトを動かしていきます。

営業、販売、広報、経理など、一つの会社であっても、それぞれ役割が違います。しかし、「勝利」という一つの目標に向かってそれぞれの力を合わせ、他人の力を借り合いながら、円滑に仕事を進め、ビジネスは成り立っていきます。

私の知人のように、個人で高い能力を持つ経営者は、ほかにも山ほどいると思います。しかし、いかに優秀な人であっても、一人の力では限界がある。

その事実を踏まえ、**ビジネスの世界はさまざまな才能を持つ専門家を駆使するチーム競技**だと捉え、「いかに他人の力を上手に借りるか」の重要性を感じてほしいのです。

スペシャリストを束ねる参謀

ビジネスがチーム戦である以上、さまざまなスペシャリストたちを監督し、束ねる存在が必要です。それこそが、参謀の役割です。

野球に置き換えるなら、経営者が監督で、参謀はヘッドコーチのような存在です。

プロ野球球団を見ると、ジャンルによってコーチは細分化されています。投手を指導する「投手コーチ」、リリーフ投手を集中的に指導する「ブルペンコーチ」、キャッチャーの指導を行う「バッテリーコーチ」、打者を指導する「打撃コーチ」など……。これら各部門のコーチをまとめるのが、監督です。ただ、監督一人では、すべての部門を統括することはできません。そこで、監督の補佐役として存在するのが、「ヘッドコーチ」です。

ヘッドコーチの存在意義は、監督と同様に総合的にすべてを見渡しながら、なおかつ分野別のコーチを統括することです。

プロ野球の世界でいえば、ヤクルトスワローズ黄金期に同球団を率いた名監督・野村克也さんには、「野村の懐刀」とも呼ばれた松井優典さんという名ヘッドコーチがついていました。

ビジネスにおける参謀も、まさにこれと同じ役割を果たします。

スペシャリストたちのことを理解しつつ、かつゼネラリストとして総合的に経営を見て、物事を判断する。

ホンダの創業者である本田宗一郎さんも、もともとは研究者出身でビジネスには疎い人物だったそうですが、のちに「本田宗一郎の女房役」と呼ばれるようになる藤沢武夫さんを迎え入れ、実務を任せたことで、一代にして世界に冠たる自動車ブランド、バイクブランドを確立したことは、みなさんご存じの通りです。

アップルやグーグルを支えた名コーチ、ビル・キャンベル

ビジネスのチーム性を大切にし、高い業績をあげた名コーチとして知られるのが、ビル・キャンベルです。

彼は、スティーブ・ジョブズのコーチとして、潰れかけたアップルを時価総額数千億ドルの会社に変貌させる手助けをしたほか、小さなスタートアップ企業であったグーグル（現在のアルファベット）も、同じく時価総額数千億ドルの会社に成長させるまで、コーチとして関わり続けたことで有名です。

ビル・キャンベルはもともとフットボールのコーチとして、そのキャリアをスタートしました。フットボールはアメリカの大人気スポーツですが、その醍醐味の一つはチームプレイです。彼自身が選手として、そしてコーチとしてフットボールと向き合うなか、「力を合わせなければ強いチームにはならない」ということを、身をもって実感していったようです。

そして、フットボールのコーチからビジネスの世界に飛び込み、実業家を経て、各企業のコーチとして活躍するようになってからも、**彼が一貫して伝え続けたのが「チームプレイの大切さ」**でした。

「どんな会社の成功を支えるのも、人がすべて」という信念のもと、優秀な人材ばかりが集まるアップルやグーグルにおいても、一人のスタープレイヤーのスタンドプレーではなく、チームに根付くコミュニティを大切にしていたと言われています。

いかに優秀な人材が率いているチームであっても、そこに監督をサポートするコーチ、すなわち参謀がいるのといないのとでは、結果は大きく変わっていくのです。

ビジネスにおける「ゼネラリスト」の役割とは

参謀の最大の条件は、野球におけるヘッドコーチのように、各分野に精通した「ゼネラリスト」である点です。

多くの経営者は、さまざまな分野の専門家たちに囲まれている状態でしょう。ただ、問題点は、その専門家たちが一つのチームになっていないということです。

多くの経営者の方は、税理士と話をして、弁護士と話をして、金融機関と話をして……と断片的な情報をつかみ、取捨選択を行っていることでしょう。

専門家同士の横のつながりはないので、総合的に物事を見ることができません。**経営を総合的に考えるのであれば、会社に関わるすべての専門家たちをつなげ、一つのチームにできたらどうでしょうか。**

「参謀」のもとに各専門家がつながり、一つのチームになれば、質の高いアウトプットが可能になるでしょう。

そして、**専門家をつなぐゼネラリストの存在があるからこそ、ビジネス上で気づかない視点が掘り起こされる**ことも多いものです。

以前、私のお客様の財産状況を分析した際、専門家グループを集めた私たちのチームが出した相続税の金額と金融機関が出した金額に、7000万円以上の差異が出た

図 02 参謀を中心としたOneチーム

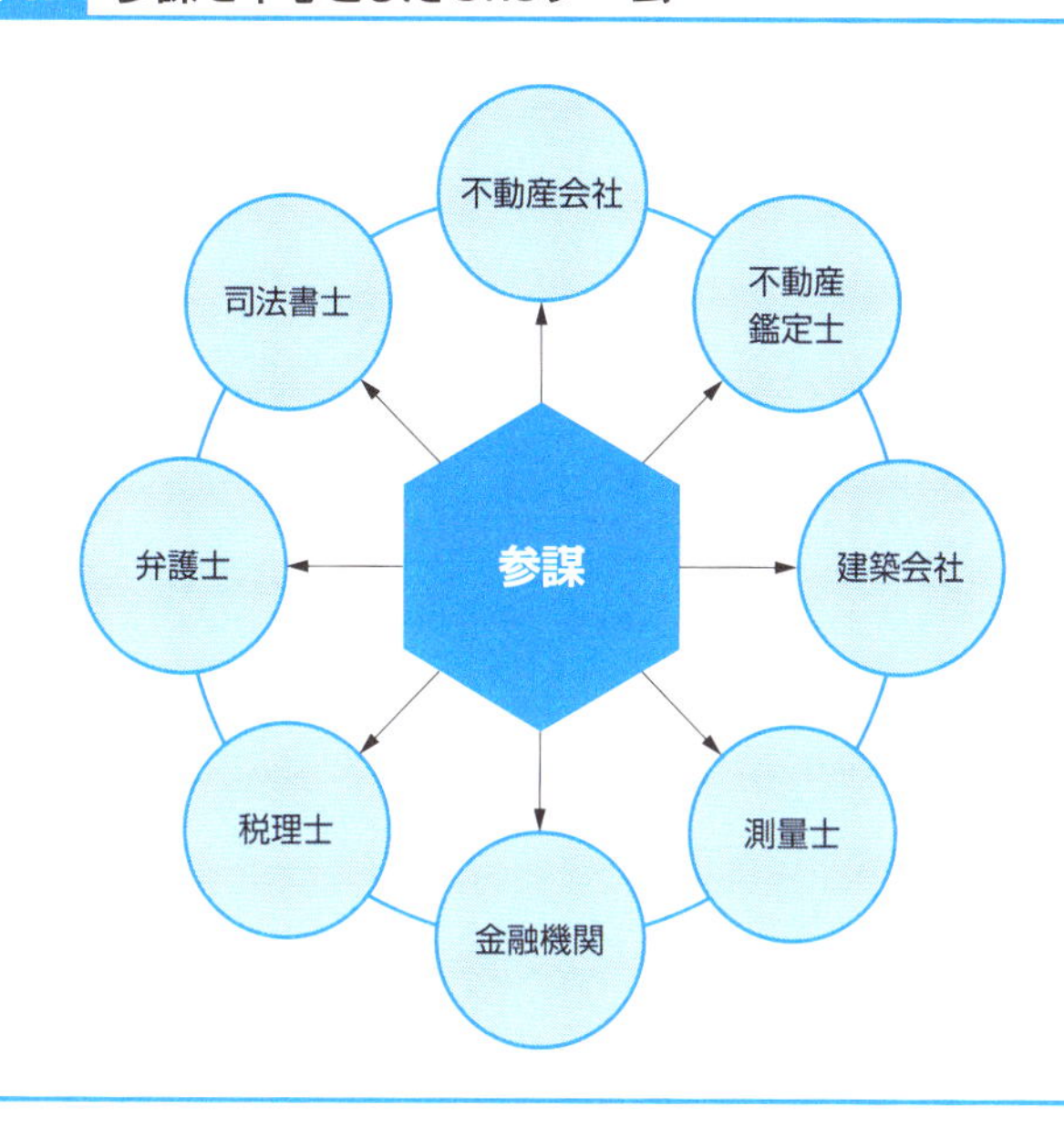

ことがあります。

なぜ、こんなにも大幅な数値のズレが生まれたのか。それは、**チーム力の差**だと私は考えています。

金融機関の人間はお金全般のプロだと思われがちですが、彼らはあくまで〝お金を貸すプロ〟であるということ。必ずしも激変する社会の動きに対応し、正しい現状を把握しているとは限らないのです。

一方、私たちは各分野の専門家を集め、総合的な意見をまとめた末に導き出した数値を算出していました。このチーム力の差が、数値の正確性に大きく影響したのだと考えています。

4割の経営者は相談できる相手がいない

ビジネスをしていて何かに悩んだとき、誰かにその悩みを相談したいと思うのは当然です。しかし、多くの経営者には、自分の悩みを相談できる相手がいないという実態があります。

ここで、一つの興味深いアンケートをご紹介しましょう。

2022年に株式会社未来塾が中小企業の経営者101名にアンケートを実施した「経営の相談に関する実態調査」※のなかで、「あなたには、現在経営の悩みに関する相談ができる人が周りにいますか」という問いに対して、

■「はい」と答えた人——50・5%
■「いいえ」と答えた人——42・6%

※出典元:「経営の相談に関する実態調査」(Management Masters)

Q1 あなたには、現在経営の悩みに関する相談ができる人が周りにいますか？

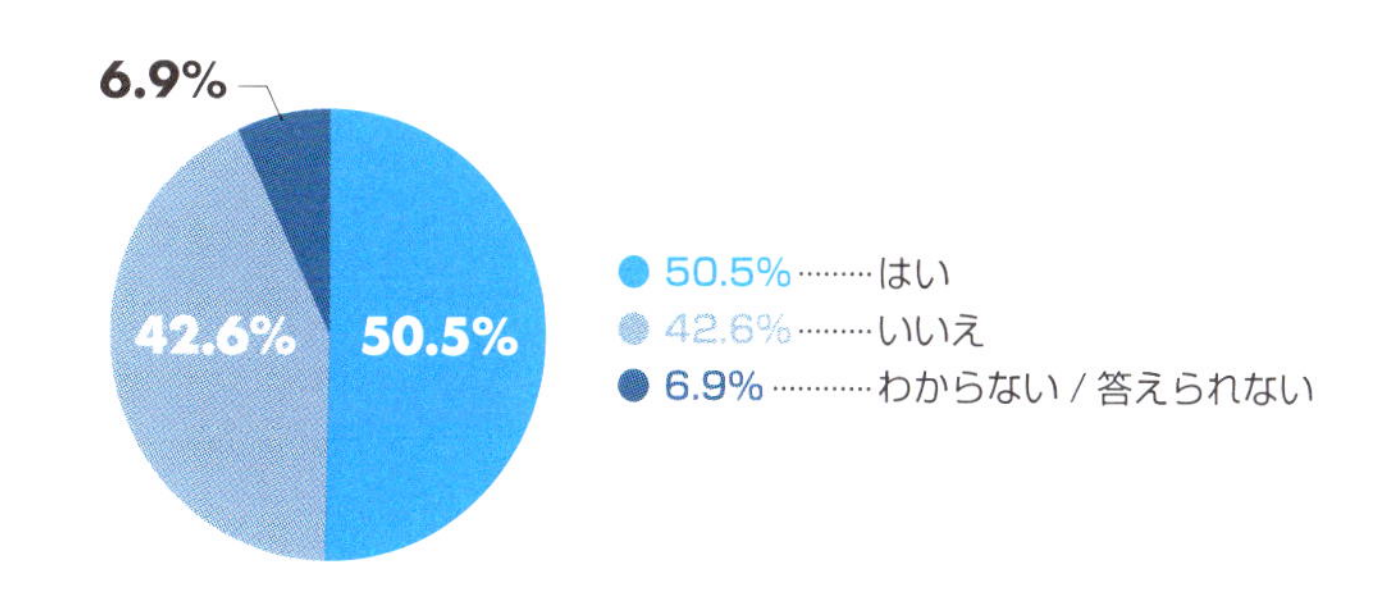

■「わからない／答えられない」――6・9％

という結果になりました。

つまり、**4割以上の人が経営に関する悩みを相談できない**と回答したのです。

また、「はい」と回答した経営者に「経営に関しての相談相手として、当てはまるものをすべて教えてください（複数回答）」と質問したところ、

■顧問税理士・会計士――72・5％

■知人経営者――47・1％

■友人――29・4％

■家族――21・6％

■金融機関――13・7％

■社内の部下――9・8％

■経営者コミュニティ――7・8％

■コーチング――2・0%

という回答となりました。

さらに、「はい」と回答した人に対して、「経営の相談の悩みについて、当てはまるものをすべて教えてください（複数回答）」との質問には、

■「想定している返答が得られない」――19・6%

■「デリケートな内容を相談できない」――17・6%

■「答えが見つからない」――15・7%

との結果が得られたのです。

この結果から見えるのは、**4割近くの経営者は相談相手がおらず、孤独である**ということ。また、**相談できる相手がいたとしても、相手は顧問税理士や会計士といった専門職に偏っている**ことがわかります。

Q2 Q1で「はい」と回答した方にお聞きします。経営に関しての相談相手として、当てはまるものをすべて教えてください。（複数回答）

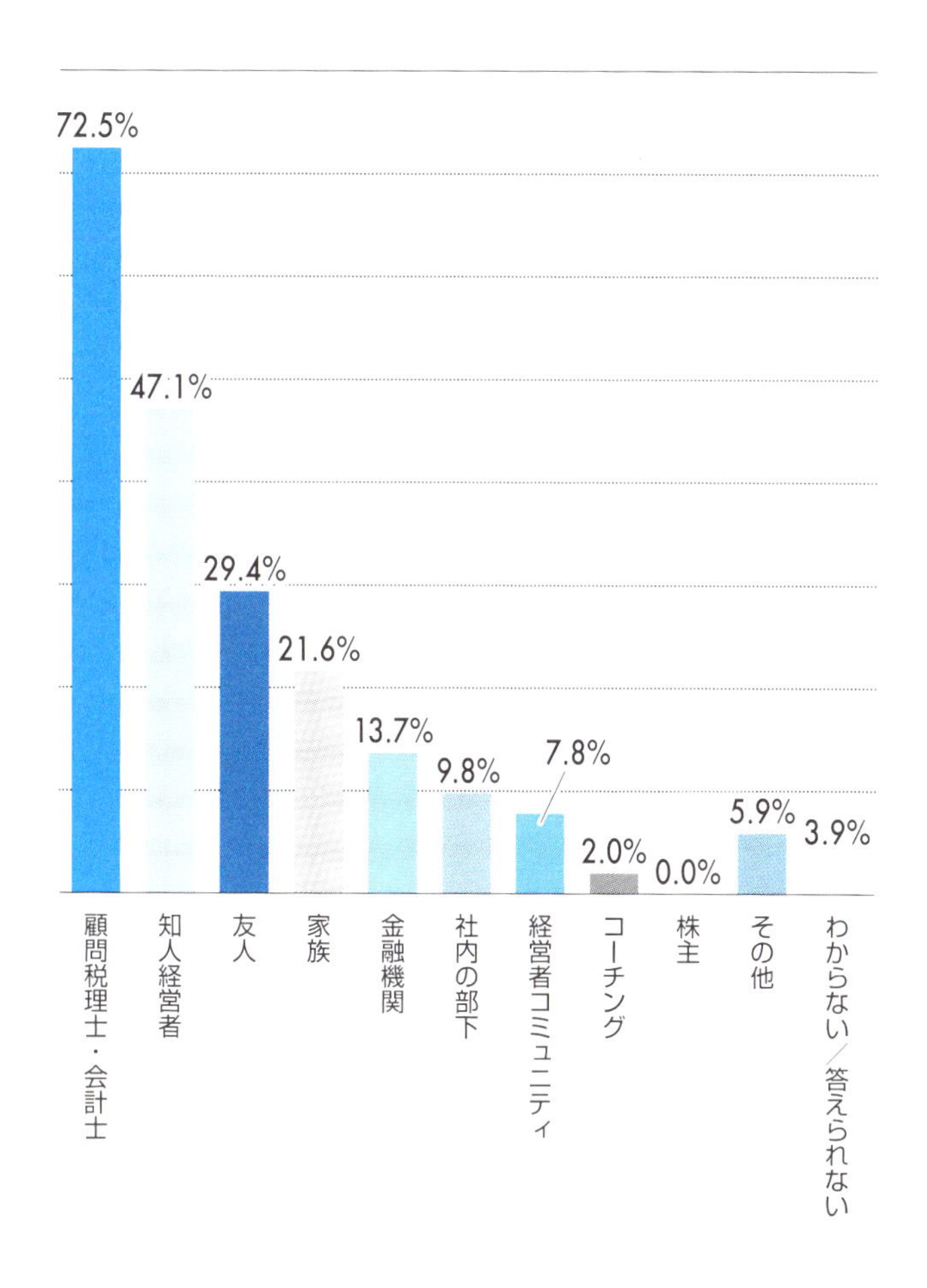

専門家だけに任せるとうまくいかない

専門家に相談することは、決して悪いことではありません。

もしあなたが「寿司屋で旬の美味しいネタを食べたい」と思ったら……シャリの握り方や酢のきかせ方、ネタの選び方を知らなくても、たしかな腕を持つ大将に「おまかせ」をすれば、旬の美味しいお寿司を食べることができます。

大将のおすすめを聞いたうえで、そのネタを食べるか食べないかを判断してもいいでしょう。

経営者と専門家の関係も、寿司屋のお客と大将の関係と同じだと私は思います。ですから、信頼のおけるプロに任せると決めたなら、徹底的に任せたほうが良い結果を生み出せるのではないでしょうか。

ただし、専門家の意見だけに頼ることは大きなリスクも秘めています。

その最大の理由は、どれだけ優秀な人であったとしても、財務に関することは税理士、法律に関することは弁護士……と、一つのジャンルの専門家であって、経営を総合的に判断することが得意だとは限らないからです。

税理士、会計士、弁護士、仲間の経営者に相談する際には、「相談内容が相手の専門ジャンルから外れている」というリスクもあります。

医者をイメージするとわかりやすいのですが、医者といっても外科や内科、小児科、耳鼻科、皮膚科と専門分野は違います。専門分野以外では知識不足や経験不足な点もあるため、求める結果に齟齬が生まれる可能性があります。心臓外科が専門の医者にうつ病の治療法について聞いても、適切な回答が得られないのは仕方がないことでしょう。

また、その分野については正しいアドバイスでも、全体を見たときにはバランスが悪く、その通りにすると齟齬が生まれる事態も往々にして起こり得ます。

たとえば税理士や公認会計士、弁護士などの専門家たちの多くは、自ら資金を引っ張り、自分でお金を使って会社を経営した経験を持っていない人もいます。

お金の借り方、使い方、交渉の仕方などを実地で経験したことがある人とない人とでは、アドバイスの質も量も違ってきます。鉛筆1本を売ったこともない人に経営やビジネスの話を聞いても、適切な回答が出てくるとは考えにくいのです。

専門家だからといって鵜呑みにできない

事実、実地での経験が足りなく、適切なアドバイスができない専門家に、私自身も数多く出会ってきました。

以前、私のお客様のなかに、地元の信用金庫からお金を借り入れて、信用金庫のアドバイスを受けて8階建ての住宅兼マンションを建てた方がいました。

入居率も家賃収入も安定していたものの、以前の借入などもあり、手元に残るお金は微々たるもの。さらに、税金も膨大にかかり、財務状況はギリギリでした。

せっかくリスクを取ってマンションを建てたのですから、もっと手残りのいい財務状況にする方法はないものか。当時、その方が利用している信用金庫に相談しても、色よい返事はない。そこで、困ったお客様は、「現状を改善する方法を模索したい」と、私のもとにいらっしゃったのです。

お客様の財務状況を見た私が考えたのは、銀行を変えて借換えすることで、より低金利・長期返済するという方針です。

そこで新たな銀行を3行リストアップし、借換えを提案。現在抱えている建設費のローンだけでなく、ほかの債務もまとめて一本化し、さらに建物の修繕のためのリフォームローンも新規で追加することを提案しました。

その際、長年使っていた信用金庫の担当者には、「より低金利・長期返済できる方法が見つかったから」と一報入れて、借換えの手続きを行うことを伝えました。すると、その報告を受けた担当者と支店長はすぐにお客様のもとを訪れ、「もっと金利を下げて年数も延ばすので、借換えはしないでください」と懇願してきたのです。

こちらが「借入れをやめる」と言った途端に条件を変えてくる不誠実な対応に呆れ、結果的に新しい金融機関へ借換えることになりました。

信用金庫は地元密着型で、地域の中小・零細企業への事業資金の貸し付けが主な仕事です。そのため、不動産について詳しい知識がなく、お客様のためになるアドバイスができない方が多いのも実情です。

専門家自身の得意領域においては信頼できたとしても、それ以外の分野の相談については、実はあまり信頼できないということも多くあります。「専門家だから」と相手の言葉を鵜呑みにしたがゆえに、経営者自身が損することもある。この点でも、俯瞰的に物事を見るゼネラリストとしての参謀の存在が、いかに重要かがわかるのではないでしょうか。

全体を包括的に見られる人でないと、見えないものがある

同じような事例は、ほかにもあります。

以前、私の顧客で、10億円くらいの予算で不動産の購入を考えている方がいらっしゃいました。この方は、最初は自分が懇意にしている税理士や金融機関がすすめるように「10億円の不動産を1つ買えばいい」と考えていたそうです。

しかし、「本当に専門家の意見を鵜呑みにしていいのだろうか」と疑問に思ったことから、私のもとへご相談にいらしたのです。

これに対して私がアドバイスしたのは、「3億円前後の物件を3棟購入する」ということでした。

なぜなら、不動産において大切なのは、「次の世代にきちんと資産を残すため、きちんと教育すること」だからです。そのためには、まずはご自身が多くの経験を積む

ことが大切です。

しかし、たった1回取引した程度では、不動産に関するさまざまな事柄を覚えることは難しい。ですから、今後の成功率を少しでも高めるためにも、3棟購入することで3回の経験を積んではどうかとアドバイスしました。

さらに、異なる3棟を買うことは分散投資にもつながります。買うタイミングもずらせるし、違うエリアも選ぶことができます。

また、融資に関しても各金融機関によりエリアや物件の種類などにより、それぞれ融資条件なども異なるので、上手にお付き合いをしていくのが経営者としての賢い選択かと思います。

また、10億円1棟の物件に比べ、3棟なら何年後かにお金が必要になったとき、1棟だけ売却することも可能です。

10億円で1棟の物件を購入するよりも、異なる物件を3棟購入するメリットは大きいのです。

このように、参謀であれば長期的視点で損得を考えられる点も、短期的な関わりしかない銀行や税理士などの専門家との違いでしょう。

困ったときの相談相手を間違えるな

経営の判断に迷ったとき、あなたが相談し、意見を聞く相手は誰でしょうか。

家族、配偶者、友達、社員、税理士……？

こんな質問を投げかけたとき、「妻に話を聞いてみる」「社員に相談してみる」などとおっしゃる経営者の方も少なくありません。

ビジネスの鉄則ですが、**自分が前に進みたいのならば、自分の前を歩いている人に**

道を聞くべきです。しかし、多くの人は家族や社員といった自分の横、あるいは自分の後ろを歩いている人に相談してしまいます。当たり前のことですが、相談相手が違えば、導かれる結果も大きく変わってしまいます。

一方、2代目、3代目の経営者の方に多いのが、「困ったときは親からアドバイスをもらう」というものです。親御さんが先代経営者である場合は、ノウハウを聞く手もあるでしょう。

ただ、親子の間で「教える・教えられる」の関係が成り立つかというと、私は甚だ疑問です。

なぜなら、そこには「親子だからこそ」の難しさが付きまとうからです。

親子という近しい関係性だと物言いが少しきつくなることもありますし、第三者であれば丁寧に1から10まで言葉を尽くして説明するところを、「親子なのだから、すべてを言葉にしなくてもわかるだろう」と思い込み、説明が不十分になることも少なくありません。

距離が近くて客観的な判断を下せなかったり、反対に親が「自分の子供だから」と甘やかしてしまうこともあります。

私も父親と我が家の土地運営について話すとき、ついお互いに言葉足らずで理解が不十分なままに終わっていた経験があり、「親だから、身内だからといって、わかってもらえると甘えてはいけない」と自戒することも多くあります。

次世代が育たない「何でも親に聞く」という罠

親が「子供に経営は任せる」と言いつつも、いつまでたっても口出しを続け、毎日のように会社に顔を出すせいで、経営の主導権が移り変わらないケースもよく耳にします。

その場合、周囲の弁護士や税理士などはすべて親の知人で固められているので、なかなか子供が現状を改革できない……等の問題も発生しがちです。

親御さんが優秀な経営者で、先代が作り上げた盤石な体制を引き継ぐことで経営が安定する場合もあるでしょう。

しかし、時代はどんどん変化するなか、いつまでも同じビジネススタイルを貫くことが正しいとは思えません。十数年前は盤石だった体制であっても、今の時代に合っているかどうかはまた別問題です。

さらに、親世代にばかり依存した経営が続けば、仮に親がいなくなった後のことを考えると不安しか残りません。事実、実権を握り続けていた先代が急死したことで一気に経営がガタガタになり、倒産の危機に瀕した会社は少なくありません。

ですから、早いうちに「親から意見を仰ぐ」という体勢を改め、参謀という支柱を得ることで、末永く安定した経営を実現したほうがいいのです。

「内なる参謀」より「外なる参謀」

図 03 組織の外部に置く「外なる参謀」

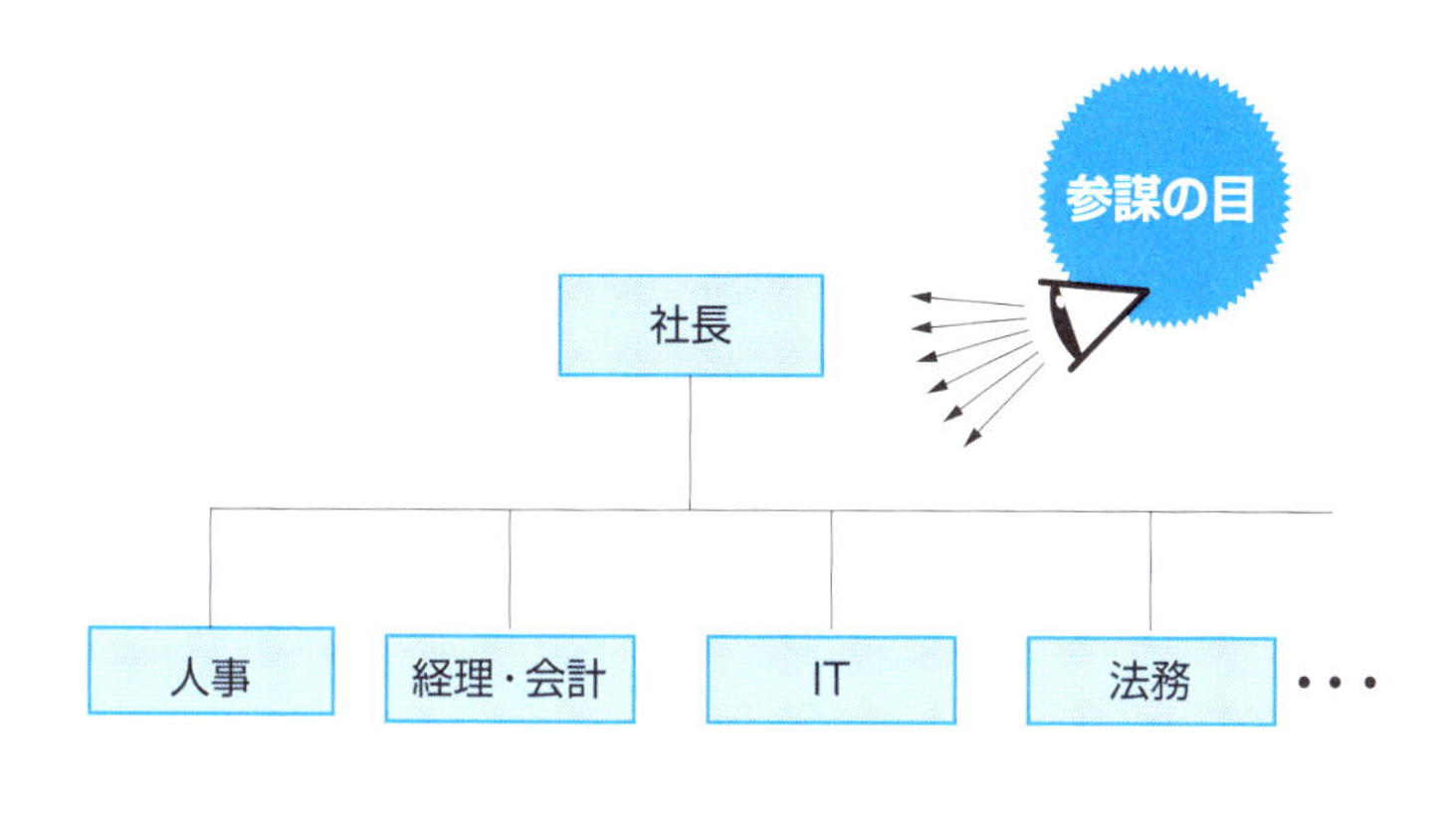

「いやいや、うちの会社には良い右腕がいるから、参謀を入れる必要はない」と考える方もいるかもしれません。専務取締役や常務取締役、顧問など、信頼できる優秀な人材がいるのかもしれません。

しかし、**組織の「内部」に参謀を置くのではなく、組織の「外部」に参謀を置くことが、今の時代に求められている**と思います。

内部に参謀を置くと、どうしても経営者と参謀の間に上下関係が生まれてしまいます。上下関係がある以上、参謀がいかに優秀でも「経営者がこの意見は受け入れなさそうだな」と思えば、進言せず遠慮するケースもあるはず。

参謀を置くメリットは、**経営者に対して忌憚なく意見を言ってくれる存在を得ること**、すなわち自分以外の「目」を得ることです。

その点でも、内部の人材では経営者に対してどうしても忖度が発生してしまうので、参謀として本領が発揮できないのです。

また、経営者自身も「自分より優秀だ」と思っている相手でなければ、意見を聞く気にはならないもの。社内にいる右腕がいかに有能な人物であっても、自分の意見を覆してまで、その意見を聞き入れようとはしないでしょう。

2015年、インディアナ大学のY・ジョエル・ウォンの研究で、「効果的な励まし」と「やみくもな勇気づけ」を分ける点は、「励ます側が信頼できると見なされているかどうか」が大きなポイントだとわかりました。

つまり参謀とは、経営者が「自分よりも優秀だ」と心底認めた人間でないと効果がないのです。

前出のグーグルやアップルのコーチとして活躍したビル・キャンベルも、多くの経営者たちが彼の言葉を信じ、その決断に従ったのは、彼自身が優れた経営者であり、優れた実績を持っていたから。

また、ビル・キャンベルは特定の会社の社員ではなく、複数の会社のコーチを兼任する、いわば外部コーチでした。内部の人間とは一線を画す立ち位置であったからこそ、俯瞰的な視点で忖度なく意見を言うことができたのもポイントだったのでしょう。

参謀はあなたの身近にすでにいるかもしれない

ここまで、参謀がいることでご自身の人生が何倍も前向きなものになることを説明してきました。ここで浮上するのが、「どうしたら参謀と呼べる人に出会えるのか」という疑問です。

もしかしたら、すでに参謀が身近にいるのに、あなた自身が気づいていないだけか

もしれません。

新たに探すのであれば、**自分がリスペクトする経営者から紹介してもらう**、あるいは**自分から学びの場に行ってみるのもいい**でしょう。

何事にも共通することですが、本当に自分の欲しているタイミングにならないと、見えてこないものもあります。逆に、意識して探すようになれば「実はこんなところにいた」と見つかるものです。

たとえば運転しているとき、空腹で食事処を探していたら、普段通り慣れた道でも、見落としていたレストランや食堂を見つけることもあるでしょう。ゴルフにハマりだしたら、やけにゴルフ場が目に入ることを体感したことはありませんか？

走っている道は同じでも、こちらが何を求めているかで情報の入り方は変わってきます。これと同じです。

これを心理学で**「カラーバス効果」**と言います。

参謀を探すにしても、日頃から自分が通っている経営者の会合や先輩たちとの会食などで「この人に憧れるな」「この人のようになりたい」と思える人がいるならば、思い切って「いろいろ教えてください」と声をかけてみるのもいいでしょう。

教育にはお金を使うのに、なぜ自分にはお金を使わないのか

外部の人に頼む場合は、当然費用が発生します。

ただし、教育費として考えれば、参謀に力を借りることは決して高い買い物ではありません。なぜなら、**一度教育を受けて習得したものは簡単には消えない**からです。

仮に1年間100万円のコンサルティングフィーを払って、教えを受けたとしましょう。その間に培った知識、経験、技術、知恵と人脈は、いつまでたっても消えることはありません。

年間に100万円使っても、5年後に毎年300万円の売上が出続けるのなら、その買い物は安いはず。これからの人生でずっと使い続けられるツールを100万円で

手に入れられるのですから、実は非常にお買い得だとも言えます。

おもしろいもので、人はムダな買い物や飲み会、子供の教育費にはお金を使うのに、自分の教育費にはお金を使う意識が非常に低い。

社会に出るまでは親がお金を払ってくれているのに、社会に出た途端、自分の教育にはお金を使わないというのは、本当に不思議な構図です。

子供には塾や習い事などの教育費をかけ、仕事終わりにはジムに行くのと同じ感覚で、自分のビジネスの先生を据えてアドバイスをもらう選択肢があってもよいのではないでしょうか。

第
3
章

参謀のあるべき姿

為せば成る、
為さねば成らぬ、
なにごとも

出羽国米沢藩９代藩主
上杉鷹山

参謀に必要な素養とは？

ここまで読み進めて、「参謀はいたほうがいい」と感じられたでしょうか。しかし、どんな人を参謀に据えたらいいのかと言われたら、首をかしげてしまう人も少なくないはずです。

そもそも参謀とはどんな人なのか。何をしてくれる人なのか。
そして、参謀にはどんな力が必要で、どんな特徴を持った人なのか。
そんな疑問について、本章では進めていきたいと思います。

参謀の素養① 可能性に気づかせてくれる

まず、参謀として必要な一つ目の素養は「相手が気づいていない可能性を気づかせてくれる点」でしょう。

図 04 参謀に必要な４つの素養

参謀の素養 ① 可能性に気づかせてくれる

参謀の素養 ② さまざまな経験をしている

参謀の素養 ③ “上の視点”を持っている

参謀の素養 ④ 誠実である

「一を聞いて、十を知る」という言葉があります。

これは、物事の一部を聞いただけで相手の言わんとしていることをすべて理解できることを意味し、頭が良くて察しのいい人を表す言葉です。そして、**良い参謀の特徴は「一を尋ねて、十を返す」ような人物**だと私は思います。

こちらが質問していることの意図や行間、意義、重要性を先回りして理解してくれるのはもちろん、**こちらが1を質問したら、それに対して10倍にして返してくれる**。そんな**「先を読める人」**だからこそ、参謀としての資質があるのでしょう。

そして、彼らと話をしていて毎回驚くのが、**「自分が気づかなかった可能性」を教えてくれる**点です。

参謀タイプの人は、常にあらゆる可能性を考える未来志向を持った人が大半です。彼らは多方面において豊富な知識のデータベースを持っているので、こちらが投げかけた情報やキーワードをその情報にリンクさせるのがうまい。

だから、どんなシチュエーションであっても、常に新しい可能性を探るという思考パターンが体得されているのです。

新しい発想が生まれれば、もちろんビジネスには大きなプラスになります。

「自分のことは自分が一番よく知っている。だから、自分の可能性は自分でもわかるはずだ」と多くの方は思っているかもしれません。

たしかに人は、常に他人と自分を比較し、自分について探求する生き物なので、自分が他人よりも劣っている部分についてはよく知っています。

しかし、**「自分が他人よりも秀でている部分」に関しては、意外と気がつかない**ものです。なぜなら、「自分ができることは他人もできる」と多くの人が思い込んでいるから。ですから、自分の強みは、自分ではなかなか見つけることができません。

そんな自分の可能性に気づかせてくれて、かつ自分の価値を最大化してくれる参謀がいたならば、自分の可能性をもっと広げてくれることでしょう。

参謀の素養② さまざまな経験をしている

「経験」とは、〝減らない財産〟だと私は思っています。多くの方は財産とはお金だと思うかもしれませんが、**お金とは「経験」を買う道具**だと私は考えています。

新たな経験を積むためにお金を使わなければ減りもしませんが、何も生まれません。食事をして、「おいしかった」「こんなものは食べたことがない」など、何らかの感情を得る。その感情は、永遠に忘れられないものです。車も不動産の購入も同様です。

車や不動産だって、所有することで得られる感動や経験があります。

その感情や経験から、新たな出会いや気づき、アイデアが生まれることもあります。

そんな経験をするためにも、使うべきところには積極的にお金を使い、新しい感情や知識を得るのが良いと考えています。

ただ、自分一人で得られる経験や知識には限りがあります。

年齢や環境、状況によっては、自分がその経験をしたくてもできないケースもあるでしょう。その場合、**自分よりもすごい経験をしている人、自分よりも一歩先の経験をしている人たちから教えを請えば、人生はもっと豊かになる**ことでしょう。

仮に何百万円の費用を払ったとしても、数年後にはその人の持っている見えない財産である知識や経験、技術、知恵、人脈が自分の血肉になっていきます。

そのおかげで、その人に払ってきた費用よりも高い対価をコンスタントに得られるようになれば、決して高い買い物にはなりません。

ゼロからイチを作り上げた経験にはお金を払え！

「その人の経験値が高いのか」をジャッジするには、実績を見るのがポイントです。

たとえば私のビジネスの参謀の一人は、私よりも年が若いコンサルタントです。しかし、彼が担当しているクライアントの実績はすばらしく、実際に彼が関わった多くの企業は着実に前進し、大きく業績を伸ばしています。

そして、私も彼のおかげで、大きな利益を得られています。**実績に勝る証明はない、**と常日頃から思っています。

特に必要なのが、**ゼロからイチを作り出した実績を持った参謀**です。

既存のビジネスを大きくするのではなく、何もなかったゼロの状態から、まったく新しいビジネスを立ち上げた経験。これ自体は、やったことがある人でなければ、どうやって動いていいのかがまったくわからないものです。

何もない状態から、何かを作りあげたことがある人がいたら、ぜひご自身の参謀として関わってもらえないかと相談しに行ってみてはいかがでしょうか。

「やらなくていいこと」も教えてくれる

参謀はその経験値の高さから、有益なアドバイスをたくさんくれるものです。**数々のアドバイスのなかでも特に耳を傾けたほうがいいと思うのは、「自分がやらなくてもよいこと」**に関するものです。

人生には、魅力的なアイデアやビジネスはたくさんあります。やる気のある起業家であればあるほど、溢れるアイデアを実現したいと思うでしょうし、人脈が広がればそれだけおもしろい誘いも増えていくはずです。

ただ、すべてを自分で実現するのは、リソース的に不可能に近い。**魅力的なオファーやチャンスがあったとしても、自分にとって必要のないものは切り捨て、本当に優**

先順位の高い事柄に時間を割くという戦略も、時に必要になるでしょう。

以前、私も参謀から「やらなくてよい」というアドバイスをもらい、後日、そのアドバイスの重要性を痛感した事例があります。

それは、30代後半の頃、父と一緒に実家のお墓を掃除しに行ったときのことです。先祖代々の墓を見てみると、墓の1つに「天保」という小さな文字が刻まれているのを発見したのです。

一緒に墓へ行った父に「うちのご先祖なのかな？」と聞いたら、父からは「たぶんそうだと思うけど、よくわからない」と、なんとも曖昧な返答。

先祖の墓である以上、毎年のようにお墓参りには行くものの、その下にはどんな人たちが眠っているのかはよくわかっていません。なんだかよく知らない人のお墓に手を合わせるのも、気が乗らないものです。そこで私は「いっそのこと、松本家代々の家系図を作ってしまおう」と考えました。

そこで、家系図を作る専門業者に頼んで、我が家の系図をさかのぼってもらうと、私から7代前の先祖にいた松本忠八という人物までたどり着きました。驚いたことに、その人物こそが私が何気なく見つけた「天保」と彫ってある墓石の主だったのです。

家系図を見たとき、そんな不思議な偶然に、私は強く感動を覚えました。同時に、強く感じたのは「自分がこの世に生を受けるまで、間に非常に多くの人が存在して、現在の自分がいるのだ」ということ。

江戸時代から現代に至るまで、たくさんの戦争も疫病もあった。この系図につらなる誰一人が欠けても、私は存在しなかったのです。

今いる自分は、この人たちのおかげで成り立っている。自分がここに至るまでの人の流れが見えたとき、「自分はもっと自分を大切にしなければ」という感動が、身体中を駆け巡りました。

もちろん、先祖のことなど考えずに、好き勝手に生きるのもその人の自由です。ただ、自分より前の時代を生きたご先祖様からしても、末裔がうだつの上がらないままでいるより、活躍したほうが嬉しいはずです。

自分をこの世に生み出してくれた先祖のためにも、己の価値を高めたい。

しかし、**自分一人の力では限りがあります。自分がこれまで一人では生きられなかったように、何事か大きなことを為すには人の力を借りるしかないのではないか。**

この体験は、私が**「自分一人で何かを成そうと思うより、チームで関わることが大事」**と考える大きな核になりました。

参謀の一言で「家系図ビジネス」への取り組み方が変わった

この話には続きがあります。

私が家系図を作り、どんな経験をしたかを周囲の友人たちに話すと、「家系図を作ってみたい！」という人が続出しました。

そこで、私が利用した業者さんを通じて、希望者のために家系図を作ってみると、みんな一様に涙を流して感動していました。そして、私と同じように「自分は先祖に恥じぬためにも、もっと頑張らなければ」と気持ちを一新させ、より一層仕事に邁進するようになったのです。

そんな彼らの様子を見て、ふと私は思いました。「もっとカッコいいデザインを取り入れて、上手にPRしたら家系図作りはビジネスとして成り立つのではないか」と。思い立ったが吉日、すぐに司法書士の知人に相談して、家系図を作る会社を立ち上げることを決めたのです。

ある程度、ビジネスの基盤を作り終えたとき、この話を自分の参謀であるコンサルタントの先生に相談してみました。

多くの人に喜んでもらえるよいビジネスなので、きっと参謀にも大賛成されるだろう。そう思っていたところ、参謀からもらったのは「とてもいい事業だと思うが、松本さんは表に出ないほうがいいんじゃないか」というアドバイスだったのです。

私としては、そもそも自分が考えたアイデアを事業化する以上は、自分が代表として表に出たいという強い想いがありました。

さらに、当時はNHKで有名人が自分のルーツをたどる「ファミリーヒストリー」という番組も始まり、家系図作りが少しずつ注目される動きもあったため、きっとビジネスとしてもヒットするだろうという勝算もあったのです。

しかし、そんな私の想いに反して、参謀はこう続けました。

「松本さんにはすでに『地主の参謀』というメインの仕事がある。人の記憶力には限界があるので、その人を頭に思い浮かべたとき、二つも三つも肩書があると、記憶が散ってしまいます。今の仕事を人により強く印象づけたいのであれば、『地主の参謀と家系図もやっている松本さん』よりも、『地主の参謀の松本さん』と覚えられたほうがいいですよ」

同時に、**「どの仕事をするかを判断する際は『好きか、嫌いか』ではない。『重要か、**

重要でないか』で選択をするべきだ」と強く言われたのです。

家系図の仕事は楽しいし、お客様から喜んでもらえるので、自分が好きな仕事でした。ただ、私の基本的な目標は「自分の実家と同じような境遇にある地主の人々を救いたい」であり、本業はあくまで「地主の参謀」です。その目標を達成するうえでは、家系図作りは決して最優先の仕事ではない。

その話を聞いて納得した私は、ビジネスパートナーである司法書士に表に立ってもらい、自分の名前は一切出すことをやめました。

参謀からのアドバイスがなければ、この選択は決して選ばなかったでしょう。

10年近く経った今、この選択は正しかったと思っています。

その後、家系図ビジネスの魅力や吸引力に気がついた企業が続々と市場へと参入するようになり、小さな会社では太刀打ちできない大型資本を投入する企業も数多く見られるようになりました。

もしも参謀の言葉を無視して家系図ビジネスでも自分が表に立ち続けていたら、本業がおろそかになっていた可能性もあるし、大企業と戦う日々に疲弊していたかもしれません。

参謀の素養③〝上の視点〟を持っている

新しい事業やユニークなアイデアを思いついたとき、自分にとってドキドキするものであればあるほど、すぐに手をつけて形にしたくなるものです。

ただ、その「思いつき」を「すばらしいビジネス」に変えるのはなかなか難しいものです。そんなときにも参謀の力は、大きく役立ってくれます。

参謀の力として大きいのが**「自分とは違う視点で物事を考えられる」**ということです。

いわば、「自分の視点とは違う、もう一つの目」を手に入れることで、より解像度の高い事業展開を行うことができるようになるのです。

もっと言えば、**自分とはただ視点が違うだけではなく、できるだけ自分よりも〝上**

の視点〟を持った人と共に歩むほうがいいと私は思います。

たとえば、あなたのビジネスと近い業態のビジネスを成功させた人であれば、今あなたがやっているビジネスがどんなレベルにあって、どのような点でハードルを感じているかをわかってくれるでしょう。

さらに上から俯瞰して物事を見てくれる参謀がいれば、まさに鬼に金棒です。

地上から見る雲と飛行機から見た雲の違い

自分より経験値の高い参謀をそばに置くのは、上空で雲を見たときの感覚に似ています。

たとえば地面から上空を見上げたとき、夏の入道雲でもない限り、下から見上げても、どの雲が高いのか低いのかはよくわかりません。

でも、飛行機に乗ってぐんぐん高度を上げて、雲の中を突き進むとどうでしょうか。

地上からではあれほどわかりにくかった雲も、飛行機の窓からだと立体的に見え、高さも厚みも全然違うことがよくわかります。

すべての出来事についても、地上から空を見上げたときに見える雲のようなものだと私は思っています。

これは、ビジネスの世界でも同様です。

自分が今いる世界よりも上のレベルの世界を見たことがある人には、その雲に到達するまではどれくらいの距離があり、どれくらいの時間がかかるのかがわかるのです。

自分よりも上の世界を見たことがある参謀やプロフェッショナルたちの力を借りてその助言を仰げば、より具体的に最短距離で進むべき道が見えてくることでしょう。

後世のことまで考えて判断を積み重ねる

参謀は、誰かの人生に口を出す存在である以上、その人の人生に対して大きな影響力を持っています。

参謀は人生における船頭のようなもの。船頭が誤った方向に進んでしまえば、その船はおかしな方向に進んでしまいます。

たとえば、私のようにコンサルティング業を営んでいる場合は、多くのクライアントの資産に直接介入する機会が多いので、私の判断次第で、そのご家族の未来を変えてしまう立場でもあります。

資産の使い方は、人生との向き合い方にも大きく影響します。短期的にお金を儲けるような投資や資産運用を行うのが正しいのか。それとも、より多くの人がより多くの付加価値を得るような資産運用を行うのが正しいのか。

どちらがいいのかは価値観にもよると思いますが、私自身は後者のような資産の使い方ができたら理想だなと思います。

また、クライアントの利益は重要な要素の一つですが、決してそれだけを目的にしてはいけないと私は思います。クライアントの状況を今よりよいものにし、かつ後世にうまく引き継ぐことは、利益と同様に非常に大切だと考えています。

目先の利益をいくらつくっても、次世代がその資産に興味を持たず、せっかく受け継いだ資産を大切にしてくれなければ意味がありません。それを避けるためには、次世代へ教育を残していくことが一番大切です。

特に私のいる業界は、後世への教育がとても重要な課題です。不動産は扱う額も大きいし、複雑な仕組みになっているので初心者にはわからないことも多い。また、銀行や税理士、不動産業者、建築会社など関連する会社には、怖いスーツのオジサンがたくさんいて、なんだか怪しいイメージもつきまといます。

しかし、不動産は安定収入も得られるし、比較的価値も安定している現物資産です。形あるものだから、上の世代は下の世代にきちんと受け継ぐ準備をする必要があります。ややこしい物件やボロ物件を受け渡すから子どもたちが嫌がるのであって、新しいものに組み替えるほうが多くの人が助かります。

以前、築35年のビルの資産運用について相談されたことがあります。このときは、そのビルによいテナントが入っていたり、いくつかのプラス要素が重なり、結果として売却価格が大きく伸びました。

ただ、そのお金をそのまま持っていたら大きな相続税がかかってしまうので、ビルを売却した資金で、複数の一棟マンションを買う提案をしました。

築35年の古いビルはメンテナンスで相当なお金がかかっていましたが、新しいマンションであればメンテナンス費はそれほど必要ありません。

また、マンションも3棟に分割して購入。どのマンションも、場所も規模も異なるので、今後急な災害や地価暴落があっても、リスクヘッジできます。

メンテナンスが大変なビルという資産から、コストが減り守りやすいマンションという資産に変えたことで、クライアントからは大変喜んでいただきました。

このように、目先のことだけでなく、後世に対しても配慮することが、参謀に課せられた大きな役割ではないでしょうか。

参謀の素養④ 誠実である

そして、最後にもう一つ大切なのが「誠実さ」です。

人間性に難があっても、卓越した才能やスキルでもって得意分野で活躍する人はいるでしょう。

ただ、参謀に関しては、人間性は非常に重要です。後述しますが、参謀にはチームをまとめ上げる力が必須だからです。

また、参謀はクライアントに助言し、導く存在です。参謀が不誠実な人柄だったら、「この人に何か教えを請いたい」という気持ちになるでしょうか。

不誠実な態度を取る人は、人を大切にできないので、信頼できないという側面もあります。

たとえば、納期の遅れや予算のズレなど、自分にとって言い出しづらいことをギリギリまで引っ張ってしまう人と相対したとき、あなたはどう思いますか？

経営者としては、「早い段階で言ってくれればこちらも調整がつくので、悪い報告ほど早くしてほしい」と考えるでしょう。それにもかかわらず、「言い出しづらいから」

「怒られるのが嫌だから」とギリギリまで言わない。

なぜ、そんな不誠実な態度を取るのかというと、他人の労力や時間に対して、思いやりがないから。不誠実な時点で、参謀としては有能ではないとも言えます。

なお、思いやりの欠如は、食事などの日常シーンからも簡単に判断できます。誰かを食事に誘ったのならば、時間やエリアなどを配慮して店を予約しておく。誰かの飲み物が少なくなっていたら声をかける。料理の取り分けが必要ならば取り分ける。

気が利かない人は、仕事以外のシーンでも自分勝手な部分が垣間見えやすいものです。些細なことに思えるかもしれませんが、こうした細かな点を参考に「ご自分が選ぶべき参謀」を探してみてほしいと思います。

第4章

参謀とチームビルディング

チームワークは、
共通のビジョンに向けて
協力する能力だ。
それは凡人が非凡な
結果を達成するための
燃料である。

アメリカの実業家・鉄鋼王
Andrew Carnegie
アンドリュー・カーネギー

なぜ参謀はチームを作るのか

良いチームには、良い参謀がいる。

これは古今東西の歴史を見ても明らかなことです。

戦国時代を見ても、**豊臣秀吉に仕えた黒田官兵衛や、上杉謙信に仕えた直江兼続、徳川家康に仕えた本多正信など、歴史で大きな業績を残した人々は、みな優れた参謀を従えています。**

本書でも何度もお伝えしてきましたが、新たな物事を起こそうとしたら、他人の力を借りることが重要です。

私がこの本を作るにしても、企画を推進する編集者がいて、文章を作成するライターがいて、本のデザインを作り上げるデザイナーがいます。また、現物の本にするためには印刷会社も必要ですし、みなさんの手元に届くまでには流通会社、そして書店が必要です。

これらの仕事を一人ですべてやることは不可能です。

大きなことを成し遂げたいと思うなら、優秀なチームを作ることが必須になります。

ただ、**プロジェクトを動かすうえでは、適切なプロフェッショナルをアテンドし、さらにはそのチームを引っ張っていく参謀が必要**です。

なぜ、チームビルディングに参謀の存在が欠かせないのか。それは、**各プロフェッショナルたちの意見を交通整理する役割が重要になる**からです。

仮に、あなたの下に3人のプロフェッショナルがいるとします。一つのプロジェクトに対して、3人がそれぞれ違う情報を持ってきたとしましょう。

3人はそれぞれ異なる視点を持ち、それぞれが提案する戦略はどれも優劣つけがたいものでしょう。ここで重要なのが、3つの情報をどの側面から捉え、どの価値を重視するか、です。

この「どの情報を重視するべきか」を決めるのは、なかなか大変な作業です。それぞれ持っている知恵が違うからこそ、気がつくところも違う。それぞれの知見を活かして、出てきた情報を整理し決断する人物が重要になってくるのです。

たとえば一棟のビルを所有している地主が、その活用方法を専門家に相談したとします。ところが、不動産会社、税理士、銀行員では、気になるポイントはまったく異なります。

不動産会社の視点から見れば、ちゃんとテナントが入る物件なのか、といった点が気になります。

税理士からすれば、それだけの物件ならば、どのくらいの所得税や住民税がかかるのか、などが気になる点でしょう。

銀行は、どのエリアのどんな物件で、収益性はどれくらいかが気になることでしょう。

つまり、基本的にはみんな「自分の仕事が関わる範囲」が気になるのです。

一方、**参謀は、過去にプロフェッショナルたちの意見を何度となくまとめた経験があるから、それぞれの立場の人が考えることが理解できる**のです。また、**クライアントの立場に立って物事を考えられるのも、参謀の大きな強み**でもあります。

仮に私が参謀という立場で同様の物件について相談をもらったなら、気にするのは「この物件が将来どうなるのか」「建て替えるならいつ頃なのか」「売るならばいつ頃で、どのような出口戦略が考えられるのか」「売った後にどういう資産に組み替えるのがクライアントにとって一番いいのか」「個人名義で持ち続けるより、会社名義に変えたほうがいいのではないか」などのポイントです。

専門家の視点も読みつつ、クライアントにとって最良の選択をする。

その結果、物件の売却価格が1億円単位で変わったこともあります。**参謀がチームをまとめ上げられるからこそ、複合的に大きな効果が出せる**のだと思います。

専門家でチームを組んだら、もっと高い効果が出る理由

私は、「地主の参謀」という地主専門のコンサルティング事業を行っています。その事業では、自分以外にもさまざまな分野のプロフェッショナルを集めた専門家チームを作ってきました。

なぜ一人ではなく、複数のプロフェッショナルたちを巻き込むことにしたのか。

その理由は、最初に不動産業界に入った際、不動産の分野はあまりにも深く、広すぎて、自分一人では知識や技術がとても追いつかないと感じたからです。

自分一人ではどうにもならないのならば、他人の力を借りるしかありません。スポーツに置き換えるならば、**ビジネスとは個人競技ではなく団体競技**だと感じたのです。

同時に、どんなに優秀なスペシャリストであっても、限界があります。先にもご説

明したように、彼らは自分の領域はよくわかっているけれど、自分たちにわからない領域があることもよくわかっています。

だからこそ、**スペシャリストたちの知識を総合的にまとめ、分析するゼネラリストの存在が必要になります。それが、参謀がチームを組む理由**です。

しかし、優秀なチームを組もうと思ったら、参謀に**「求心力」**が必要になります。

なぜなら、弁護士であれ、税理士であれ、不動産業者であれ、優秀な人たちは、他人と手を組まずとも十分に商売が成り立つからです。そんな人たちにわざわざチームを組んでもらうには、「この人と一緒に働きたい」と思わせるような魅力やメリットが必要です。その求心力がなければ、優秀なチームを組み、運営することは難しいでしょう。

より高い成果を出したいのならば、求心力を持った良い参謀を見つける必要があるのです。

ビジネスにおける〝12色のクレパス〟を集めよう

ゼロから生まれたアイデアを実際のビジネスとして形にする作業は、絵を描く作に似ていると思います。

絵を描くためには、イメージを膨らませ、構図を考え、下書きをし、イメージに合う色を探し、線を引き……と清書に入るまで、たくさんの工程があります。田園風景を描くなら、広大な田園を塗りつぶすための緑が必要だし、その上に広がる青空を描くための青のクレパスも必要です。イメージ通りの絵を描くには、少なくとも12色のクレパスを用意する必要があります。

新規事業を立ち上げるのも、チームを組むのもこれと同様です。アイデアを膨らませ、必要な人材を獲得し、サービスや商品をローンチさせるために必要な作業が存在します。

自分が信頼できるような多彩な人材を取り込むことで、より一層、自分のイメージに近い絵を描くことができます。

また、繰り返しになりますが、参謀に選ぶならばゼロから「絵」を描き上げた経験がある人が望ましいです。

絵を描いた経験がある人ならば、その色を出すにはどの絵具を使うべきか、どんな紙を選ぶとよいか、下書きには何が必要か……などがよくわかっているはず。だから、絵を描くときもスムーズです。

ビジネスについても、ゼロから立ち上げた経験があるかどうかで、取るべき手段は大きく変わってきます。

もし、共に「絵」を描くのであれば、私だったらゼロから絵を描き上げた経験がある人を参謀に据えたいと思います。

チームを組むことで選択肢の多さが生まれる

もう一つ、**複数人のプロフェッショナルが関わることで得られるメリットに、「選択肢の多さ」**が挙げられます。

たとえばあなたが病気になって、医者に相談するとしましょう。

その場合、「私ができるのはAという手術です」と1つの選択肢しか提案しない医者よりは、「Aという手術がスタンダードで多くの人が選択します。Bの手術は治療費が余分にかかりますが、リスクが少ないと言われています。また、Cの治療法は時間はかかりますが、体の負担は小さくて済みます」と複数の選択肢を説明してくれたうえで、「あなたの場合は症状が軽いので、Cという選択肢が一番です」と言ってくれる医者のほうが頼りがいがあるのではないでしょうか。

選択肢は多いほうが可能性は高まるので、より多くのプロの力を借りることが大切

図 05　参謀の見つけ方

1. 身近な人のなかから見つける
2. 自らが学びの場に行って出会う
3. 読んでしっくりきた本の著者に会う
4. 人から紹介してもらう

なのです。

どうしたら自分の参謀を見つけられるのか？

さて、参謀を据える際に一番の関門だと感じるのは「どうやって参謀を見つけるか」です。

方法はいくつかありますが、一つ目は**「身近な人のなかから見つける」**というものです。

自分の参謀に適した人は、案外自分の周辺に隠れていることも多いものです。本当は身近にいるのに、自分が相手に対して「教えてもらう」「自分の参謀になってもらう」という意識を抱いていないから見つけられていない可能性は十分にあります。

まずは、ご自身が最近出会った人を思い出してみてください。そのなかで、「素敵だな」「この人の言っていることは納得できるな」「こんなふうになりたいな」と思う人がいれば、その人を「参謀」として仰いでみてもいいでしょう。

周囲に「この人は特別だ」と思える人がいないのであれば、もう一つの選択肢は、**自らが学びの場に行って出会う**というものです。もしくは、**読んでしっくりきた本の著者さんに会ってみるのもいい**と思います。

現在、自分の参謀としてお付き合いしている方の一人は、その方の本を読んだのがきっかけでした。

「この本を書いた人の言っていることをもっと聞いてみたい」。

そう思ったことから講演会に行き、個別相談を受けて、参謀になっていただけないかとご相談したこともあります。

続いて有効なのが、**「人から紹介してもらう」**という手段です。

ただし、「この人に自分の参謀になってほしい」と思う人がいたとしても、断られることがあります。その場合は、「その人自身の参謀」、あるいは「かつてその人の参謀だった人」を紹介してくださいと相談してみてもいいでしょう。

同様に、「この人は素晴らしい実績があるけれども、何かを教えてくれそうにないな」という人の場合、その人に影響を与えたであろう人から教えを請う手もあります。

反対に、参謀として選ばないほうがよいのは、「自分を参謀に据えませんか」と自分からアプローチしてくる人です。売り込みに対して乗っかるのは、あまりよい結果をもたらさないように思います。

「自分を参謀にしないか」と話しかけてくる人に任せるより、自分が吟味して「この人に任せたい」と思う人に任せるほうが、良い結果を生むと私は感じています。

『三国志』で有名な「三顧の礼」のエピソードのように、劉備玄徳は諸葛孔明に二度門前払いをされても、軍師になってほしいと自ら頼みに行った。そのような相手を参謀に迎えるべきです。

ただし、どんなに優秀な人で、どんなに実績がある人でも、実際に会ってみて話を聞き、「この人のことはなんだか苦手だな」と思うのであれば、参謀には向いていません。人間同士なので相性もあるのは当然です。

シンプルに、**まず人としてお付き合いしたいと思えるかどうか。お互いにリスペクトしあえる相手かどうか。**その点は重視しておきましょう。

「参謀がほしい」と願えば、参謀には出会える

今すぐに自分の参謀となるべき人を見つけられなくても、心配する必要はありません。**「参謀がほしい」と願っていると、自然と自分に合う参謀が見つかる**からです。

まるでスピリチュアルな話に聞こえるかもしれませんが、これは決して精神論ではありません。

先にご紹介した「カラーバス効果」のように、人間の脳内は何か一つのことを意識しておくと、必要としている情報や重要な情報が、無意識のうちに脳内に引っかかるようになっています。自分が何を求めているかで、捉えられる情報はまったく変わってくるのです。

参謀を探すのも、これと同じです。

日々、自分が参加するビジネスミーティングや交流会、先輩方との会食などにしても、「自分は今、参謀がほしい。参謀を探しているのだ」とインプットされていると、周囲の見え方が大きく変わってくるはずです。

いつもなら「この人は素敵な人だな」で終わっていた相手も、「この人には参謀として自分のそばにいてほしい」と意識できるようになり、理想的な参謀に出会えるチャンスが増えるはずです。

第5章 参謀を受け入れるための心構え

我以外皆我師

作家
吉川英治

人の力を上手に借りる方法を学ぼう

ここまでは、参謀の重要性やその適性、また探し方についてご紹介してきました。

仮に良い参謀を置くことができても、自分に受け入れ態勢ができていなければ、良い結果は生まれません。

そこで本章では、参謀を置く際、どのような心構えを持つべきかというマインドセットをお伝えしたいと思います。

勘違いしてはいけないのが、参謀は自分の従業員ではないということ。

時々、「お金を払っているのだから、参謀といえども自分の部下だ」と勘違いして、参謀に対して高圧的な態度を取る人がいるのですが、それではせっかくの参謀の能力を狭めることにつながります。

参謀を置くべき理由は「自分にない視点から助言をしてもらい、目指す目的地へ行

きやすくすること」。それなのに、相手の意見にいちいち反論したり意見したりするのは、せっかくの参謀の知見を不意にする行為です。

たとえ自分のほうが年長者であったとしても、**「この人から学ぶ」と決めたのであれば、謙虚な姿勢を持ち続けることを忘れてはいけません。**

参謀との付き合い方に限らず、他人の力の借り方を知っているだけで、人生は円滑に進みます。

ビジネスは自分一人の力だけでは決して成功しません。多くの人の力を借りて、互いに不得意分野を補い合い、自分の得意分野で力を発揮することで高い成果を収めることができます。

しかし日本では、学校教育の枠組みで優秀な成績を収めていた人ほど、「自分のことは自分でやるべきだ。他人から力を借りてはいけない」という意識が強い傾向があります。

だから、学校教育のなかで成果を出してきた高学歴な人ほど、「他人の力を借りない」

「自分ですべてやる」と思いがちで、ビジネスを成功させるのが難しい。

実業の世界を見てみると、中小企業で活躍する経営者には、暗記や勉強はそれほど得意ではなかった人や、運動部出身者の多さに驚かされることがあります。

それは、彼らは学校教育にそこまで毒されていないので、「全部自分でやろう」とは最初から思っていないことや、集団で動くことに慣れているので「他人の力を借りるのは当然だ」と思っていることが、大きな要因なのでしょう。

いかにあなたが優秀な人材であったとしても、一度参謀の力を借りると決めたのであれば、その効果を最大限に発揮させるためにも、「他人から教わる姿勢」を持ち続けてください。

参謀と相対するときは「乾いたスポンジ」であれ！

他人の力を借りるうえで最も大事なのは、「素直になること」だと思います。

そういう私も、幼少期から学生時代まで、全然素直ではありませんでした。

学生時代に野球をやっているとき、私は打撃に長けていて、守備はあまり上手ではありませんでした。本来ならば、自分よりもうまいチームメイトにもっと練習方法やコツを聞けばよかったのですが、素直さがなかった私は、プライドが邪魔してチームメイトに相談することができませんでした。

でも、もしもっと守備ができる選手になっていたら、チームに貢献することができていたことでしょう。今になって昔を思い出すと、「なんで彼にもっと練習方法を聞かなかったのか」と後悔が襲ってきます。

このときの経験以来、「どうせ後で後悔するのだから、プライドを気にせず、力を借りるだけ借りたほうがいい」と思うようになったのです。

『宮本武蔵』などの小説を書いた作家・吉川英治氏の言葉で、**「我以外皆我師（われいがいみなわがし）」**というものがあります。これは、**「自分以外の人、モノ、すべてが、自分の足りない部分**

を教え、磨いてくれる存在である」との意味です。

現在の私もまさに同じ心境で、「人生で出会う人はみな師だ」と思っています。

世の中には偶然の出会いなどないですし、一人で何でもできる人などいません。だからこそ、自分とは違うスキルを持つ人、自分とは大きくタイプの異なる人と触れ合うことに意味があるのだと私は思います。

お互いの持っている長所が違うから、わからない者同士、教えてほしいとはっきりと伝えられるはず。

人は良くも悪くも、さまざまな経験と記憶が交じり合い、その人なりの色を染み込ませていき、自分の人格を作り上げていくのだと思います。

しかし、**いくらいい話を聞いたとしても、自分のフィルターを通して聞くと、これまでに培った経験と記憶が邪魔をして素直に聞けなくなってしまうこともあります。**

特に、経営者は他人のアドバイスを基本的には聞かない方や重要視されない方が多い傾向にあります。ですから、**まずは自分の脳をリセットし、「これぞ」と思った話を乾いたスポンジのように吸収すべく、素直に教えを請う姿勢が大切**になるのです。

コンサルタントを入れたり、誰かの講演会に行ったり、本を読んだりするときも、多くの人が「自分にとって耳当たりがよい言葉だけを取り入れたい」とどこか斜に構えてしまいがちです。

でも、そもそも何のために自分は新しい知識を取り入れようとしているのでしょうか。現在の自分に不満や悩みがあって、変わりたいという思いがあるからではないでしょうか。

そんなときこそ、自分が欲しいものを明確にして、乾ききったスポンジのように貪欲に情報を吸い取るべきです。

いざ吸い取ってみたものの、「この話は自分には合わない」と思うのであれば、入ってきた水を全部吐き出したってかまいません。

ただ、**最初から否定するのではなく、まず一度は「この話を吸収しよう」という姿勢を持つことを忘れてはいけない**のです。

自分の想定と違うアドバイスも受け入れよう

参謀のアドバイスのなかには、時に「なぜそんなことを提案されるのか」と理解できないことがあるかもしれません。しかし、経験値の差により、自分自身がついていけていないと感じることがあっても当然ではないでしょうか。

たとえば、身体に不調を感じていたとき、意外な部分が原因だと指摘されて驚いたことはありませんか。

私の場合、右の腿にしびれを感じる持病があるのですが、ずっとその原因は腿にあると思っていました。でも、整体に行ったとき、「本当に悪いのは腰ですね。腰の神経が影響していることで腿がしびれてしまうんです」と指摘され、驚いたことがあります。

このように、目に見える現象と原因が同じではないことは、ビジネスにおいても多々あります。

気になっていることと重要なことは、イコールではありません。それくらい、自分の原因は自分ではなかなかわからないものです。

「自分は知らない」という素直さを持とう

乾いたスポンジになるための秘訣は、とにかく素直になることです。「自分は間違っている」「自分は知らない」という前提に立たないと、人は謙虚にはなれません。

古代ギリシャの哲学者として知られるソクラテスは「無知の知」を唱えた人物としても有名です。

当時のギリシャで一番賢いと言われたソクラテスですが、彼は一見知識があると思われている人たちも、実は本当に物事を理解しているわけではないと気がつきます。

そこで、**「自分が何も知らないという立場に立ち、その事実を理解している者が一**

番賢いのだ」との考えに至ったのです。

私も、自分の参謀にこう言われたことがあります。

「『自分は知っている』という前提に立って人の話を聞くと、どうしても素直にその情報を吸収することはできない。だから、『自分は間違っている』『自分は知らない』という立場に立つことが大切だ」と。

哲学者のソクラテスではありませんが、「自分はモノを知っている」と思うと、どうしても人はそれ以上の知識を求めようとせず、せっかく有益な情報を得ても吸収しようとしません。

自分自身が乾いたスポンジのように物事を素直に吸収する力があるかどうかで、目の前の知識が活きることもあれば、まったく活用されなくなってしまうこともあるのだと覚えておいてください。

もしあなたが参謀に対して素直になれないのならば、それは問題究明に対して本気度が薄いからなのかもしれません。

たとえば歯が死ぬほど痛くてどうにもならないとき、歯医者に「こういう処置をしましょう」と提案され、反論する人はほぼいないでしょう。

同じように本気で危機感を抱いていて、「売り上げをよくしたい」「業績を上げたい」と考えている人なら、提案された策に対して素直に「はい」と従えます。

つまり、相手の意見に対して、好きか嫌いかという軸ではなく、自分の目標を達成するためにその行為は重要か重要ではないかの軸で判断し、行動するはずです。参謀の言葉を素直に吸収し、パフォーマンスを高めるためにも、自分の「描いた姿」は明確にしておくといいでしょう。

人は自分が設定した目標地点までしか行けない

私が影響受ける方々と話をする際、みなさんが口を揃えておっしゃることがあります。

それは**「後悔があるとすれば、もっと大きなビジョンを描いておくべきだった。人は自分が思い描いた目標地点までしか行けないのだから」**という言葉です。

人は一度自分で旗を立てたなら、その場所に向かって無意識のうちにでもなんとかたどり着こうと努力する生き物です。

多くの企業がビジョンを打ち立てますが、個人でもビジョンは持ったほうがいいでしょう。

「こうなりたい」「これを成し遂げたい」とそもそも思わなければ、人は行動できません。

私がかつてサラリーマンとして就職したとき、「30歳までに年収1000万円を稼げるようになりたい」という漠然とした思いを抱いたことがありました。

しかし、最初に入った会社では、まったくうだつが上がらず、業績も上げられなかった。出世する様子も、当然ながらまったくありませんでした。

「このままでは、30歳までに年収1000万円なんて稼げないのではないか」

そんな危機感を抱いた私は、25歳で住友林業へと転職します。その会社は頑張った分だけ成果が手に入る職場だったので、30歳になる前に希望していた年収を達成することができました。

いざ年収1000万円を獲得した際は、過去にそのような思いを持っていたことは忘れていました。でも、30歳になったとき、「そういえば最初の会社に入社したときは、1000万円稼ぎたいと思っていたな」と、ふと思い出したのです。

おそらく、私自身が一度設定していた目標が潜在意識に働きかけ、無意識的にその目標を達成しようと自ら行動し、その場所へと導いてくれたのではないかと思っています。

自分の性質を知ることがビジネスの方向性を決める

誰しも得意ジャンルや強みがあるはずです。しかし、多くの人は思った以上に自分の強みがわかっていないものです。

参謀は強みを教えてくれる存在ではありますが、**自分自身を分析して、強みや性格、モチベーションが上がる要因などは知っておくべき**です。

自分という種は、いったいどんな場所でうまく咲くことができるのか。この視点を常に持ち続けることは、新たなビジネスを考えるうえで非常に重要なポイントだと思います。

みなさんは「ストレングス・ファインダー」という才能診断ツールをご存じでしょうか。

これは合計177個の質問に答えることで、34種類の特性のなかから回答者に一番近いタイプを教えてくれるもので、企業研修をはじめ、さまざまなビジネスの現場でも活用されています。

ストレングス・ファインダーに限らず、診断ツールを使うことで自分の適性をある程度判断する機会を持ってみてください。自分の内面を知る手がかりになるはずです。

本当の自分を知ることは、ビジネスの方向性を決めるうえで、非常に重要な手掛かりになります。

たとえば私の場合、周囲の方から「松本さんは何冊も本を出して、ラジオもやって、活動的で目立つタイプですよね」と言われることがあります。

でも、実は私は表には出たいタイプではありません。むしろ、裏でこっそりと実務を遂行したいタイプです。

仕事のためにメディアに出ることはしますが、大勢の人と付き合いたいとはあまり思っていません。どちらかというと気心の知れた仲間たちとずっと仕事を続けられたほうが、自分は幸せなのだろうなとも感じます。

だから、ビジネスにしても大きな会社を運営するよりも、スモールビジネスを何個も運営するほうが性に合っていると感じ、会社を大きくするよりも、小さな新規ビジネスを何個も並行して行うスタイルを貫いています。

おかげで毎日が充実していますし、ストレスを溜めることなく、仕事を楽しむことができています。

このように、本質的にその人が持っている資質が事業モデルにあっているほうが、仕事は長続きすると感じています。

経営者だからといって、ビジネスを大きくしなくてもいい

経営者といえば、自分の作ったビジネスをとにかく大きくさせ、膨大な利益を得るのを目標とするイメージがあります。

実際、経営者の交流会などに参加すると「組織を大きくしたり、売り上げを上げた

りしていくことが善で、事業を大きくしない経営者はダメだ」と力説する経営者の方も決して少なくありません。

ただ、**経営者だからといって、必ずしも「事業を大きくすること」をゴールに設定する必要はない**と思っています。

私は組織を大きくすることには、昔から興味がありません。仮に自分が売り上げ日本一になったとしても、ずっとラットレースの中にいるような感覚を味わいながら、焦燥感にまみれて生きていきたくはないのです。

私は競争があまり得意ではありません。**競い合ってナンバー1を取るよりは、オンリー1を目指したい。競い合うよりは、周囲との調和を大切にして、穏やかに暮らしたい**と考えていました。

「事業を大きくする」という主張は私の価値観とはズレているので、一時は経営者の集まりに顔を出すのがつらくなった時期もありました。

しかし、性格診断などで自分の属性を知ることで、決して大多数の経営者が「そうするべきだ」と考えることになじめなくてもよいのだと理解しました。

ほかの経営者たちが大木を目指すのであれば、自分はどんな強風にも負けないしなやかな竹であればいい。竹は大地に強い根っこを張っていて、ちょっとやそっとの風で倒れることはありません。

ほかの経営者のように数や量ではないかもしれませんが、それとは違う性質の経営者としての強さを身につけられたとの自負があります。

自己評価、自己分析、自己管理を徹底しよう

さて、本章の最後に、私がビジネスを行ううえで大切にしている3つの軸をご紹介します。

それは「自己評価」「自己分析」「自己管理」の3つの軸です。

売上拡大だけを追求しなくても、会社に雇われずに起業家として自分自身で仕事を

運営するうえで、この3つの軸は非常に大切になります。それぞれ順番に解説していきましょう。

①自己評価

自己評価は高すぎるのも低すぎるのも問題ですが、**正しい自己評価ができていないと、ごくごくつまらないミスで大きな失敗をしでかすことになります。**

実に些細なことですが、身だしなみ一つでもクライアントを失うことにつながりかねません。

たとえば、スマートな知識や知恵を売り物にしているはずのコンサルタントが、打ち合わせの場にギラギラとした金のネックレスやブランドもののセカンドバッグを持って現れたら、どう思うでしょうか？

「この人は本当に信用していい人なのだろうか」とクライアントは不安になるはずです。

もっと言えば、そのコンサルタントは、自分がどういうスタイルで仕事をしていくべきなのかが客観視できていないわけで、その人に仕事を頼むのを躊躇してしまうかもしれません。

クリエイティブな仕事をしている人が、ダブルのスーツを着てネクタイをきっちりと締めるような服装で現れたならば、拍子抜けしてしまうでしょう。

外見に限った話ではなく、**対人でビジネスをする以上は、自分自身が商品であるという意識を起業家は持っておくべき**です。

そのためには、正しい自己評価を下し、自分を商品として売るにはどんな戦略がいいかを精査しましょう。

②自己分析

自己分析をして、自分と他人の「差」を考えることも重要です。他人に比べて、自分ができることとできないことを一度じっくり考えて、棚卸しをしてみましょう。

他人の行動を見て、「あの人のものの言い方は感じがいいな」「この人の考え方や物事の視点は鋭いな」と思えば、それは自分のできないことかもしれません。
反対に、「ここは自分のほうが優れているな」と思えば、それは自分の強みかもしれません。

何か「いいな、取り入れたいな」と思ったモノや人に触れたときは、自分がなぜ興味を引かれたのかを考えてみてください。

たとえば、誰かのプレゼンを見て「あの人のプレゼンは顧客を引き込む力があるな」と思ったら、なぜ多くの人があの人のプレゼンに引き込まれてしまうのか。
その理由は声のトーンなのか、間の取り方がうまいのか、論理構成が優れているのか……と、理由を分析してみましょう。
自己分析といえば、過去の事柄ばかりを掘り下げがちです。でも、過去だけではなく、未来の視点も大切です。

過去の自分を知るだけではなく、過去の自分が未来にどう当てはまっていくのか。

未来の可能性を探り、今の自分をもっともっと活かすにはどうしたらいいのか。

今はたいしてパッとしない特技も、目線や見せ方を変えれば、他人に負けない強みになるかもしれません。そう考える目線こそが、自己分析には大切なのだと思います。

③自己管理

自己管理は、その名の通り、自分で自分の行動を管理することです。

こんな行動をとるのが正しいとわかっていても、誰でも自分には甘くなってしまうもの。しかし、そんな弱さをはねのけて、思う自分の姿に近づくように努力する。それこそが、自己管理だと思います。

未来を描いて、その未来を実現するためには、どのように動いていくべきなのか。

しかし、そこに自己管理による実行力が伴わなければ成果は出てきません。実行するうえでの構想力も必要ですし、提案力がなければみんな一歩踏み出したりもしないでしょう。

怠ける心を律して、自分で自分を管理していくのです。私もまだ自己管理は万全にできていませんが、**「自分を律する」という強い思いを常に持って行動しなければ**と意識しています。

そして、この3つは自分一人ではなかなか達成しづらいものです。これらをスムーズに行うためにも、参謀の存在は欠かせません。参謀がいるかいないかで、この3つの要素を追求できるかどうかは大きく変わってくるでしょう。

「長期的」「客観的」「本質的」であれ

私がビジネスを行ううえで大切にしている3つの軸が「自己評価」「自己分析」「自己管理」ということをお話ししました。

続いて、ビジネスも含めて**私が物事を判断するときに意識している3つの軸が、「長期的、客観的、本質的」**という視点です。

まず、「長期的」なもの。

図 06　ビジネスを行ううえで大切にしている３つの軸

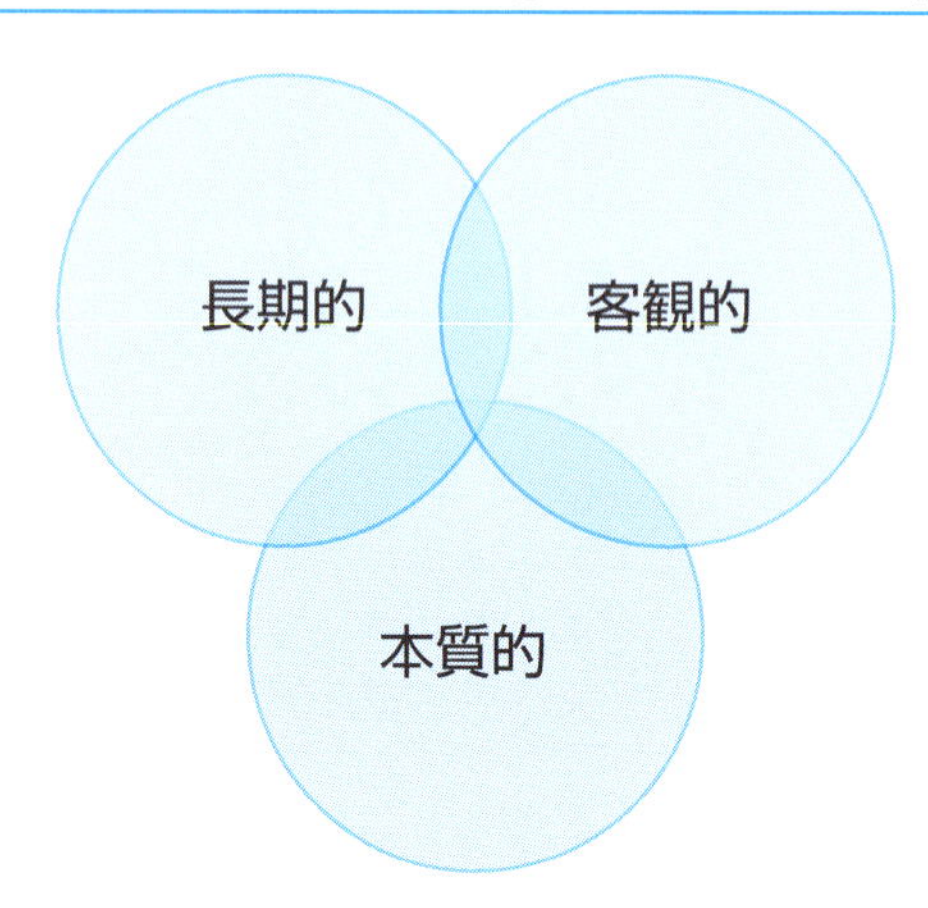

これは、目先の損得だけではなく、長い目で見たときに大成するものであるかどうかです。

1年、2年の短期的なものではなく、10年、20年という先々の目的に向かって、くさびを打つような作業ができるのかが重要です。

目先の損得だけで、今を判断してはいけません。

どんなに今が良い状態であったとしても、成長が水平のままではおもしろくありません。人生は1年、2年で終わるわけではありません。

長期的に物事を続けるうえで、「客観的」

な視点は欠かせません。

仮に自分だけうまくいっていても、周りを蹴落とすような仕事の仕方や、誰かを悲しませるような仕事をしているようでは、それは良い仕事だとは言えないのです。

もし周囲に応援されないものであれば長く続けることはできないし、周囲の人に喜ばれるものでないなら、そもそもビジネスとしても弱いでしょう。

「本当にみなから必要とされている事業なのか」「みなを幸せにすることができるのか」という客観的な視点も不可欠です。

もう一つ大切なのが、「本質的」な視点です。

自分が生み出すものが、果たして社会的に正しいものなのか。本質的に世の中のためになっているのか。新たな価値やインパクトを生み出すものなのか。

お金儲けのためだけのビジネスはいずれ廃れてしまいますし、結果的に社会に害悪をなす存在になっては意味がありません。

本質的なビジネスとは、世の中に新しい価値を与え、できれば大きなダイナミズムを生むような商品やサービスを社会に提供することだと私は考えます。

自分のビジネスの存在が社会に新しい富を生み、何かしらの付加価値を生み、世の中の人々の生活を豊かにするものであるべきです。

「長期的」「客観的」「本質的」という3つの要素が重なり合ってこそ、経営の未来を見通すビジネスにつながる。そして、未来に対して爪痕を残せるようなビジネスになると私は思っています。

第6章

目標を達成するセルフマネジメント

できるだけ遠くへ行こう。
そこに着けば、
もっと遠くの景色が
見えるはずだ

アメリカのモルガン財閥創始者、金融王

John Pierpont Morgan

ジョン・ピアポント・モルガン

自分自身をセルフマネジメントする視点を持とう

本書の冒頭でもお話ししましたが、経営者の多くは、ビジネスについて相談する相手がいません。

参謀がいるかいないかで人生は大きく変わりますが、相談相手がいないときに大きく効果を発揮するのが、「セルフマネジメント」の存在です。

自分の目標をより早く達成したいと思うのであれば、参謀だけに甘んじるのではなく、自分自身をマネジメントする視点も大切になります。

すでに参謀がいる人であっても、自分で自分を律する方針を作るべきだと私は思います。もっと言えば、「自分の参謀」になれるマインドを持つことがベストです。

自らを「参謀」にするということは、自分のなかにブレないコンパスを持つようなもの。常に己を律し、マネジメントする意識が必要です。

図07 目標を達成するセルフマネジメント

1. 逆算思考で考える
2. 「感ピュータ」を磨く
3. 良好な人間関係を築く
4. 嫌な感情との向き合い方を考える
5. 繰り返すことの重要性を知る
6. 学ぶ姿勢を整える

しかし、多くの人はセルフマネジメントができていないのが実情です。

ですから、多くの人にセルフマネジメントの習慣を持ってほしいと感じます。本章では、日々私が実践する習慣の一部をご紹介します。

セルフマネジメント① 逆算思考で考える

まずセルフマネジメントで重視したいのが、**「自分の行きたい場所を考え、逆算思考で考える」**ことです。

「なぜかうまくいかない」

「自分のやりたいことを達成できていない」

そう考える人の原因の大半は、「明確なゴールを決めていないから」だと思います。

人は、ゴールを決めるから大変なことにも耐えられるものです。

どこに向かうのか、目的地もかかる時間もわからない不透明な状態で努力を続けるのは難しい。人は自分が設定したより遠くの場所へと突き進むことはできないのです。

目的地が決まっていれば、そこにたどり着くまでにどのようなステップを踏めばいいか、逆算して見えてきます。

行きたい場所を決めることが逆算思考を活かす第一歩

行きたい場所を決めることで最も重要なのは、「逆算思考」で考えることです。

逆算思考とは、ゴールと達成するまでの期限を決めることで、そのゴールを達成するにはどのようなステップを踏めばよいのかを考えていく思考です。

たとえば旅行に行く場合、最初に「いつ、どこに行くか」を決めませんか。

図 08　逆算思考

　自分が行きたい場所が、沖縄なのか北海道なのかによって、どんな服を持っていくのか、どんな交通手段があるのか、どんな場所にホテルを取ればいいのか……といった準備が変わってきます。

　夏の沖縄なら暖かい場所に行く身支度をするでしょうし、冬の北海道へ行くなら暖かいコートを用意するでしょう。ダウンジャケットが必要なら「どういうダウンを買おうかな」「あの人のダウン、いいな」などと準備に向けて思考が働くはずです。

　人生も旅と同じです。

自分はいつまでにどうなりたいのか、ど

こに行きたいのか。行く場所やほしいと思い描いたものを脳にインプットすると、自然と情報が入ってくるようになります。**そして、その目的地にたどり着くためには、どんなものが必要かを逆算して考えるようになります。**

反対に、目的地がしっかり決まっていなければ逆算思考を十分に活用できません。ですから、セルフマネジメントを行ううえでは、自分の目標をしっかりと定めることが重要なのです。

道のりがきつくても、目標が定まっていれば耐えられる

行きたい場所までの道のりは、決して平坦な道ばかりではないかもしれません。私自身も振り返ると、正直今の状況に至るまではかなり大変でした。勉強もたくさんしましたし、自分より圧倒的に活躍している人たちの集団に積極的に入り込むことで、時には肩身の狭い思いをすることもありました。

野球でいえば、2軍のトップ選手がトレーニングを重ね、1軍に入ったものの補欠扱い……。1軍では下っ端で球拾いからスタートさせられるし、周囲は自分よりもすごい人たちばかり。そんな状態で、精神的にきついものがありました。

正直、勉強をせず、身近な仲間とだけ付き合って、ほどほどに居心地がいい状況のほうが楽なんじゃないかと思うことも多々ありました。

しかし、勉強をし、交流の幅を広げ、無理に背伸びをしたことで、世の中にはすごい人が大勢いることに気がつくこともできたと思います。

目標が定まっていないのに、いきなり過酷な環境に放り込まれると、「やってられない！　今までいた場所のほうがずっと気楽だった」と、すぐに諦めてしまうかもしれません。

しかし、行きたい場所がきちんと決まっていて目標を見据えている人であれば、「これも目的地までの試練だ」と奮起し、前向きに取り組めることでしょう。

その環境を耐え忍ぶなかで、自分のふがいなさや足りない部分も見えてきます。周囲に追いつけるように自己研鑽することで成長でき、アップデートされていきます。気がついたころには、自分自身もしっかりその環境になじむことができるようになっているでしょう。

目的地が見つからなくても焦らなくていい

なかには「自分の行きたい場所がわからない」「目的なんてそう簡単には決められない」という人もいるでしょう。私も同じ経験をしたので、よくわかります。

ただ、いろいろと試行錯誤した結果、行く先を決めるのに一番大切なのは、年収や年商といった細かな数値ではなく、**「今後の人生を自分がどう生きていきたいか」という大局観**だと思います。

私は起業を志したころから、「人に感謝されて生きたい。恨まれて生きるよりも、誰かにありがとうと言われて生きていきたい」という強い想いがありました。
そう考えたときに、自分のどんな能力がほかの人を喜ばせたり、感謝してもらえるのか自問自答を繰り返しました。

また、その能力はほかの人ができることではなく、私にしかできない希少性の高い能力であるほうが、多くの人は価値を感じてくれるはずです。

その結果、自分の親族が土地の管理で大変な目に遭っていた経験や、ハウスメーカー・や建築会社で培った知識などに着目し、生まれたのが「地主の参謀」というコンサルタントビジネスだったと自負しています。

今もまだ道半ばではありますが、「より多くの人に感謝されるようなビジネスを作りたい」という目的地を決めているからこそ、毎日の仕事はとても楽しく充実しています。

目的地を見つけたら、より具体的にイメージしよう

一度目的地を設定したら、そのゴールに至るまでの道のりと、そして「その場所に立ったら何がしたいのか」を、より具体的にイメージしましょう。

目指すべきロールモデルは、周囲を探せばたくさんいるはず。なりたい人が決まったならば、今度はその人に近づいていくことが大事です。

人は自分が描いた通りの体験しかできない生き物です。自分が「こうしたい」と思わない限りは、その人生を歩むことはできません。

自分の人生をより充実させたいならば、できるだけ具体的に目的地をデザインする力を持つのがいいでしょう。

ちなみに私の場合は、**「自分の価値を最大化するにはどうしたらいいか」「自分の人**

生の目的地に到達するために、今できることは何なのか」をテーマに、移動中、休憩中、眠る前など、暇さえあれば考えるようにしています。

セルフマネジメント②「感ピュータ」を磨く

私が仲間や自身によく言い聞かせていることがあります。

それが、**「感ピュータを磨く」**というルールです。

「感ピュータ」とは、**自分の中にある〝感覚のアンテナ〟**のこと。

たとえば、時計を見なくてもなんとなく「今、何時か」を予想したり、名刺を見なくても初対面の人の職業を想像できたり、食事の際、自分がいくら支払うのかを計算してみたり……。

現代人は何かとコンピュータに頼りがちですが、便利なデバイスや情報に頼り続けていると、次第に自分の感覚が鈍っていきます。

「いやいや、自分の感覚を無理やり使わなくても、便利なデバイスに頼ればいいじゃないか」と思うかもしれません。

でも、想像してみてください。自分が時計やスマホを忘れて登山をしていたら、時間の感覚がわからないことは命取りになりかねません。

登山に限らず、不測の事態はいつ何時やってくるとも限らないのです。

こうした日々の感覚を磨くことは、万が一の事態だけでなく、仕事にも大きく活きてきます。

たとえば、仕事で見積もりを取る場合。

「このハウスメーカーを利用して40坪ほどのプランで設計を作るならば、だいたい見積もりがいくらになるか」を想定しても、アンテナの感度が悪ければ、想像した金額は現実と乖離したものになってしまうでしょう。

この読みが当たるか当たらないかで、その後の展開や交渉は大きく変わってしまいます。

感覚は、仕事のときだけ都合よく働くものではありません。**日ごろから遊び心を持って自分のアンテナを磨き、感度を高める意識を持つといい**でしょう。

微差は大差

日ごろは感覚を意識していない人でも、急にアンテナが高くなる瞬間があります。それは、自分のお金を使うときです。

誰しも自分のお金は減らしたくないもの。そんな気持ちに後押しされて、感覚が冴えるのかもしれません。

私もよく実践するのですが、友人や知人と居酒屋に行ったときなどは、ぜひ「だいたいの総額」がいくらになるかを気にしてみてください。

最初のころはなかなか当たらないかもしれませんが、繰り返していくうちに、その金額がかなり当たるようになっていくはずです。

そんな小さな感覚を磨いて一体何になるのか、と思われるかもしれません。でも、つまるところ**「微差は大差」**だと私は考えています。

これは、レンタルレコード店「友&愛」や宅配ピザのピザ・カリフォルニアの創業者で、今もお世話になっている牛久保洋次会長がおっしゃっていた言葉です。

何事に対しても敏感であり、あらゆることにアンテナを伸ばしておく。そして、そのアンテナがどれだけ多岐にわたって、どれだけ長く伸びているかによって、得られる情報の量も質も変わってきます。

感覚が優れているとヒントが見つかりやすい

みなさんは、飲食チェーンのサンマルクカフェが発売した「チョコクロ」という人気商品をご存じでしょうか？　これは、チョコレートをクロワッサン生地で包んで焼き上げた菓子パンです。

高いアンテナから大ヒット商品の「チョコクロ」が生まれた（photo AC）

サンマルクカフェのアルバイトスタッフが「チョコレートとクロワッサンをセットにする」というアイデアを業務日報に書き、そのアイデアが開発陣の目に留まり、「チョコクロ」というヒット商品が生まれたそうです。

チョコレートもクロワッサンもごくありふれたものなのに、両者を一緒にするという発想は、これまでになかった。ちょっとしたアイデアを書いたアルバイトスタッフも、その斬新なアイデアを見つけた開発陣も、どちらもアンテナが高かったから、これほどのヒット商品が誕生したのではないでしょうか。

よくよく考えると、**ヒントというのは、あちこちに落ちている**のだと思います。

ただ、**感度が高くないと、そのヒントに気がつくことはない。**ここで大切なのが、「感ピュータ」です。

「微差は大差」と先ほどお伝えしましたが、**勝負を分けるのは本当にちょっとした〝感覚の差〟**なのだと思います。

歴史をさかのぼってみると、昔の人はこうした「感覚」が非常に鋭い人が多かったのだなと感じることが多くあります。

城などの建築物を建てる際、機械や計算機といったコンピュータは使いません。石工職人と呼ばれる城壁を作る専門家たちは自分の感覚で石を割り、組み立てることができたと言われています。

近年新しく作られた石垣であっても崩れたりするものですが、昔の石師が作った石垣は、何百年経過してもいまだに崩れていないものが多々あることからも、その精度の高さがわかるでしょう。

そう考えると、人間の感覚というものは研ぎ澄ませていけばいくほど、機械や計算機に近い能力を発揮することができるのでしょう。あるいは職人技は、機械の正確性すらも凌駕することがあるのかもしれません。

過去の名もなき石工職人たちの仕事ぶりを見るたびに、「人間の力はすごい」と感じざるを得ません。

セルフマネジメント③良好な人間関係を築く

長期的な視点で見ると、より多くの人を幸せにするビジネスは、良好な人間関係の末に生まれるものだと感じます。

なぜなら、自分にとって良い協力者がたくさん登場することが、そのビジネスを発展させ、業績を加速させる大きな要因となるからです。

本章の冒頭でも、「自分が商品である」という意識を持って、セルフマネジメントすることの重要性をお伝えしました。

そのうえで、できるだけ協力者に好感を持ってもらえるような習慣を身につけることが必要になります。

敏感さや謙虚さ、まめさ、誠実さ、勤勉さ、貪欲さ、俊敏さなどの要素も必要でしょう。ただ、**そのなかでもまず実践してほしいのが、本書でも散々お伝えしてきている「素直さ」**だと感じます。

「この人は素直だな」という印象を相手に与えるには、次の3つの言葉がすんなり出るかどうかが重要だと私は感じています。

それが、**「ありがとうございます」「はい」「申し訳ありません」**です。

この3つの言葉がスラリと出てくる人は、世の中には案外少ないものです。

たとえば「ありがとうございます」について。

相手によかれと思って情報を提供したり、何かアドバイスしたりしたのに、「ありがとう」という言葉もなく、「そうなんですよ」と言うだけで終わってしまうと、「せっかく教えてあげたのに」と残念な気持ちになり、この人には同じことをするのはやめようという心境になるはずです。これは非常にもったいないことです。

優秀な人は「ありがとうございます！」と反応するため、相手から好感を抱いてもらいやすくなります。

ほんの一言、言葉を変えるだけで反応も関係性も変わるのですから、その意識を持たないのは非常にもったいないのではないでしょうか。

お世話になった人には言葉にして感謝し続ける

多くの人は、どなたかにお世話になっても、その事実を周囲に公言することがありません。でも私は**お世話になった際は、とにかくそれを表で言うようにしています。**

それは、私の知人の実業家であるAさんの影響です。

Aさんは、恩師であるBさんのことをずっと「師匠」と呼んでおり、「あの人がいるから今の自分がある」と繰り返しおっしゃっています。

実際、AさんがBさんへの恩義を口にする場面に遭遇したとき、とても誠実なエピソードだなと感じたのです。

おそらくBさんには何人もの教え子がいるのでしょうが、「この人のおかげで今の自分がある」と言い続けるのは、教え子といえども決して多くないはず。きっとBさんも、自分を「師匠」と呼び続けるAさんをかわいく思っているでしょう。

Aさんにしても「この人にはお世話になった」とはっきり伝えて名前を出す以上は、師匠であるBさんの名に恥じぬ行いをしなければという気持ちになっているはず。

以来、私も恩人の名前はできるだけ頻繁に出すようにしていて、**恩人の名前を出す以上は「この名前を汚さないようにしなければ」といつも背筋が伸びる思いになります。**

「看板を汚さない」という意識を大切にする

誰もが自分には外せない看板を持っているのに、意外とそれに気がついていないものです。

たとえば私は一人の父であり、経営者です。また、松本という姓に代表されるものもあるでしょうし、法政大学出身なので大学の先輩や後輩にも責任があります。住友林業という会社出身なので、この会社の名前に連なる責任も発生していくのでしょう。

人は出自や経歴、所属するコミュニティがある以上、その看板を汚してはいけないと私は思います。

もし私が何か悪いことをしたら、その看板に連なる人たちにも迷惑をかけてしまうからです。

たとえば私が何か犯罪に手を染めたら、「法政大学野球部出身の人間が問題を起こした」「住友林業の元社員はろくでもない」と世間からは白い目で見られてしまうかもしれません。

「そんな看板なんて自分には関係ない」と自由に生きるのもいいでしょう。

ただ、できるだけ自分に関わる人には幸せになってほしいし、プラスの影響を与えたい。だから、自分がお世話になった看板を汚さないよう、日々成長にフォーカスし生きています。

セルフマネジメント④ 嫌な感情との向き合い方を考える

冷静な判断と、厚き情を持つこと。それが、ビジネスにおいては必須だと感じます。

信頼していたはずの取引先に裏切られた。

頼んでいた仕事が予定の納期通りにあがらなかった。

知らないところで覚えのない悪評を流されてしまった。

このようなことがあると強い怒りや憎しみが生まれ、感情のコントロールができなくなってしまいます。そんなとき、私がいつも心に思い浮かべることがあります。それは、**「自分よりも賢い人が今の私と同じ状況に置かれたら、どうやって対処するのだろうか」**ということです。

感情のコントロールができず損をしたり、大切なものを失ってしまうことはよくあります。怒りに囚われてしまっては、うまくいくものもうまくいきません。

しかし、**そんな嫌なことが起きたり腹が立ったりしたときは、自分のなかで「気づきを得る機会」だと考え直すようにしています。**

何かイライラする場面に遭遇したときは「自分に足りない部分を得る機会だ。そんな大切な機会を逃してはならない」と考えるようにすれば、イライラしている場合じゃないと負の感情を抑えることができます。

そして、怒りにエネルギーを使うより、その苦言やアドバイスをどうやって活かすべきなのかを考えられるようになります。

また、怒りは、自分が大切にしている価値観を知るチャンスだとも思います。

腹が立つ出来事があっても、後になれば「なぜ自分がそんなに腹が立ったのか」を知るきっかけになる。そして、痛い目にあった分、同じような過ちは繰り返さないようにと意識します。

そう考えれば、怒りは何かに気がつくチャンスでもあります。

悪役に出会うことは、気づきを生む要因になる

ほかにも、嫌な人に遭遇したとき、私が意識しているのは「**あの人は自分の人生における悪役をやってくれているんだな**」という発想です。

ずっとハッピーな展開ばかりが続く映画は、ストーリーとしておもしろいものではないし、学びも生まれません。

時代劇の『水戸黄門』も、悪代官が出てこないと話はおもしろくありません。それと同じように、人生においても、悪代官ならぬ悪役がいなければ、気づきも生まれない。

そういう意味では、**腹が立つような人に出会ったときは、「悪い役をやってくれてありがとう」と心の中で思うようにしています。**

また、こうした嫌な経験を乗り越えることは、スキルアップのチャンスでもあります。

たとえば、飲食店などでたまに店員さんから感じの悪い接客をされることはありませんか。

相手の感じが悪いとき、私は自分のコミュニケーション技術を高めるよい機会だと割り切り、あえて「とても美味しかったです。特に酢豚が美味しいです」と声をかけてみる。そんなふうにして、愛想の悪い店員からどうしたら笑顔を引き出せるかを考えるようにしています。

ぶっきらぼうな人には、ついこちらもぶっきらぼうになってしまうもの。でも、トライした結果、相手が笑顔を少し見せてくれたり、前向きなコミュニケーションをしてくれたら悪い気はしません。

人生で嫌な場面に遭遇したときは、実は自分を高めるチャンスでもある。そう思って、日々を生きています。

嫌な経験をした際は、**「この経験を買った」と考えることも大切**です。**その経験をしたおかげで、その失敗を二度繰り返さなくなります。**仮にもう一度同じ失敗をしても、ショックや弊害は減っているはず。

早いうちにその失敗ができたおかげで、後の影響が少なくなっているのですから、可能な限り早く失敗を経験しておいたほうがいい。後に活かせるのであれば、一時の失敗は経験へと変わるのではないかと思います。

また、私はコンサルタントという職種についているので、自分の経験を増やせば増やすほど、人の人生の役に立てることが多くあるはず。お金は経験を買う道具なので、どんどんいろいろなトライ&エラーを繰り返していきたいと思っています。

自分の人生をこの20年間振り返ってみたとき、大変な時期もありました。でも「この経験が自らを成長させるタイミングなのだ」と思えれば、何か波乱があっても、少し穏やかに受け入れられるのではないでしょうか。

セルフマネジメント⑤ 繰り返すことの重要性を知る

人は、他人との約束は意外ときちんと守ることができます。そもそも約束は守るものですし、約束を守らないと社会的な信頼は落ちて、大きなデメリットを生むとわかっているからです。

でも、**他人との約束は守れる人でも、自分との約束はなかなか守れない**もの。

たとえ自分との約束を破ったとしても誰もわからないし、「そんな約束は自分としていなかった」と思い込んでしまえば、それまでです。

ただ私は、**自分との約束こそ、きちんと守るべき**であると考えています。

まず、**自分との約束を守ると、自分の中に「自信」が生まれます。些細なことでも自分との約束を達成する癖をつけると、どんどん自己肯定感が高まって、自信が生まれるようになる**のです。

ただ、そうはいっても、いまだに私も自分との約束を破ってしまうことがあります。では、どうしたら自分との約束を破らずに済むのか。そのために大切なのが、「行動指針」です。

代々続く名家には、だいたい「家訓」があります。同様に、大きな企業にも「社訓」や「社是」、「経営理念」があります。やはり昔から人間というものは、ある程度のルールや規律がないと正しく生きられないことがわかっていたのかもしれません。

個人であっても、自分の行動指針を持つべきだと考えます。ぜひ自分の行動指針を作ってみてください。
たとえば私の場合は、次のような行動指針を自分の理念としてスマホにメモして、毎朝声に出して繰り返して読むことで、自分自身の心に落とし込むようにしています。

感謝・成長・誠実・卓越
何事にも感謝する心を持ち、
成長にフォーカスし続け誠実に生きる。
そして、卓越した能力を身につけ
出会う多くの方々に良き影響を与え、
物心共に豊かな人生を送る。

読んでいただいてわかるように、私が大切にしているキーワードは、「感謝、成長、誠実、卓越」です。

人間はどうしても感謝を忘れてしまう生き物だし、成長を怠る生き物だし、誠実さ

に欠けることもあるし、卓越した成果を求めなくなってしまうものです。

自戒の意味を込めて、30代中盤から、毎朝の瞑想の後、自分自身へ落とし込んでいます。

正直、この文章をみなさんにお見せするのはかなり恥ずかしいのですが、毎日繰り返すと頭に刷り込まれるので、決断などで迷ったり、ブレたりすることが減りました。

この言葉を繰り返すことが、おそらく私の中で「自分自身の参謀」を置いていることと同義なのだと思います。

セルフマネジメント⑥学ぶ姿勢を整える

たくさんのすばらしい人との出会いを経て有益な情報を得たとしても、その情報をうまく活かせない人もいます。

特に多いのが、**せっかく多くの情報をインプットしても、自身のフィルターを通して見ることで、無意識のうちに内容が改変されてしまい、正しい情報を吸収できてい**

ないケースです。

セミナーなどに頻繁に参加している人を見ても、その後、結果が出る人と出ない人との間では、大きな差があると感じます。

同じ情報を浴びていても、うまく成果が出せない人には次のような特徴があります。

❶ 学び方がわかっていない

同じ話を聞いているのに、なぜか人によってアウトプットの質が全然違うことがあります。これは、学び方がわかっていないからです。

たとえばビジネス書を一度読めば、その本の内容を理解したような気になるもの。自分の人生に大きな変化が起きるものだと勘違いしがちです。でも、実際は違います。

いかに新しい情報をインプットしても、それを体現できるかは別問題です。本来ならば何度も読み返し、暗唱できるくらいに読み込むべきです。そうした努力をしていないにもかかわらず、「この本が悪かったせいだ」「この人の教え方が悪かったせいで身につかないのだ」などと他人のせいにして、新たな情報ソースばかり探してしまう。

これは、まさに学び方がわかっていないからだと思います。

❷ 自身を客観視できず視野が狭い

続いて多いのが、自分を客観視できていない人です。

自分に何が足りていないのか、どんな情報が必要なのか、どの情報を率先して身につけるべきかの優先順位をつけられていなくて、何を学んでいいのかわからない。あるいは、やみくもにいろいろな情報を入手してしまい、結局身につかないというケースがよく見られます。

より視野を広げ、自分にとって必要な情報は何かを俯瞰することが求められると思います。

❸頑固である

本書では、繰り返し「素直さが大事である」とお伝えしてきました。

頑固さは、素直さの対局にあるもの。頑固さゆえに、自分が正しいと思っているものに固執し、新しい知識を受け入れることができない人も少なくありません。

新しい自分に出会いたいのであれば、乾いたスポンジのように、何事も一度は吸収する努力を怠ってはいけないと思います。

❹鈍感である

敏感な人はあらゆる物事に対してアンテナが立っているので、1を聞いて10の刺激を受けることができます。

反対に鈍感な人は、物事に対する感度が薄いので、10を聞いても1しか吸収できないかもしれません。

本章でも「感ピュータ」を高めてほしいとお伝えしましたが、同じ情報を得るのであれば、より多くを吸収できるようになったほうがいい。もっと効率的に学びたいと思う方は、自らの感度を高めることが近道になるはずです。

❺ 勇気がなく変化を恐れる

せっかく知識を得たとしても、その知識を活かさなければ意味がありません。時には、自分の生活様式を変えるような大きな変化も求められます。

行動すれば変化が生まれ、その変化が意識をも変化させていきます。

ただ、変化には痛みを伴うものです。その痛みを恐れ、行動しないままでいるようでは、せっかく得た知識も死んでしまいます。

変化に伴う痛みを恐れず、勇気をもって踏み出せば、学んだ知識をもっと有効に活用できるはずです。

どうでしょうか？　これらの項目に当てはまるものがあれば、もしかしたら学びへの態勢が整っていない可能性があります。ぜひ一度、ご自身の学びの姿勢を検証してみてください。

学びにおいて重視するべき5つのステップ

せっかく時間とお金をかけて情報をインプットして、新たな自分をアップデートしていくならば、その情報をきちんと自分の糧にすることも肝心です。

私が学びにおいて大切にしている5つのステップをご紹介します。それぞれ順番に見ていきましょう。

❶ インプットする

本でも動画でも講演でもいいので、まずは自分の中へインプットしましょう。インプットは、自分の中できちんと理解できるまで、何度も繰り返すことが大切です。

❷ フィルターをかけず、素直に受け入れる

入ってきた情報は自分のフィルターをかけずに、まずは一度受け入れましょう。自分と主義主張の違う意見や、自分の経験から反対したくなるような事実であっても、一度は自分の中に取り込んでください。

❸ 成長に役立つ情報を取り出す

入ってきた情報は、ただ取り入れるのではなくて、自分の中で腹落ちするまで、きちんと咀嚼しましょう。自分の中で解釈が成り立ったら、「自分の成長にとって必要な情報はどれなのか」を取捨選択して、活用できる部分はきちんと活用する意識を持ち、実生活で取り入れてみてください。

❹ 既知との擦り合わせを行う

得た知識を本当に解釈できているか。それを確認するには、「既知」の情報との擦り合わせを行うことが早道です。

新たに得た知識をもとにたとえ話をしてみたり、似ているサービスやビジネスモデルなど既存のものに落とし込んでみたりすることで、知識の骨格や枠組みへの理解を深めることができます。

❺ アウトプットして自己へ落とし込む

そして、学んだ知識を定着させるうえで最も大切なのが、アウトプットです。得た知識を友達に話す。部下に共有する。SNSに書く。スライドで図解してみる。このように他人に説明することで、自分の理解がより深まります。

アウトプットとして私がよく実践するのは、「自分で自分自身に説明する」ことです。他人に説明する機会がなくても、これなら頭の中でいつでもできます。「仮に自分に説明するなら、どう伝えたらわかりやすいか」を意識するだけで、学んだ知識を論理的に組み立てる力がつきます。図解してアウトプットすると、なおわかりやすくなります。

「まねぶ」ことの大切さ

本や講演、動画などのコンテンツから何かを学ぶことも大切ですが、リアルに接した人から学ぶのに勝るものはありません。

これまで出会った人のなかですごいと思った人がいたら、「なぜその人がすごいのか」を掘り下げてみてください。

「なぜあの人は素敵なのか」

「なぜあの人に引き込まれてしまうのか」

それを考え続けることで、自分に欠けている部分が見つかるかもしれません。

特に、同性が同性に引き込まれるときは、何かを学べるチャンスだと思います。その人には、ほかの人と違う魅力があるから好きになってしまう。なぜそんな感情になるのかを、一度きちんと言語化してみてほしいのです。

「嫌いだ」という感情はわかりやすく、「態度が悪い」「何となく生理的に気に食わない」といった理由があるでしょう。

でも、素敵だと思う感情については、意外とみんな放置しがちです。「いいな」「素敵だな」と思ったら、きちんとその正体を分析し、取り入れることが重要なのです。

スポーツの世界では、よいと思ったものを真似して取り入れることを、「真似ぶ」と呼びます。

これは**「真似る」と「学ぶ」を掛け合わせた言葉**ですが、**自分がいいと思ったものを積極的に真似して学ぶ**意識を持ってみること。それが、セルフマネジメントには欠かせない要素だと私は思います。

おわりに

100年時代だからこそ、誰しも経営者の視点が必要だ

本書をここまで読み進めていただき、どうもありがとうございます。

この本は、世の中の経営者や起業家の方々に向けて、「参謀」の重要性を伝えるべく執筆しました。

「起業」というと若い人だけのものだと思われがちですが、私は今の時代、日本人全員が「起業する」という意識を持ってもおかしくないと思っています。

現在の日本社会では、定年は60歳から65歳、いずれ70歳に引き上げられるともいわれていますが、現代人の寿命も長くなっています。

加えて年金も間違いなく減るはずです。

寿命が長い、税金が高い、年金が減るという環境のなかで、事業での収入がある人

となない人では大きく人生が変わってきます。

定年後にも自分で事業を運営し続けられれば、お金についてはさほど心配する必要はありません。

雇われなくなった先の人生においても、自分で稼ぐ力を持ち得るかどうか。これは、今後の将来に大きく関わってくるものでしょう。

現在40代、50代の会社員の方であっても、今から外に出て少しずつ準備すれば、定年のころには起業することも可能でしょう。

そして、中年以降の世代が起業するのであれば、やはり必要なのが参謀の存在です。

若い世代と違って、中年以降になると守るべきものも増えていきます。だから、簡単には失敗できません。

しかし、40代、50代、60代であったとしても、すでにその道でいろいろな経験を積んできた参謀を置くことで、自分の知識を高めることはできます。

若い頃にほかの経営者たちがしてきたような失敗をしなくても、参謀たちから知恵を授かることで、高いパフォーマンスを出すことができるのです。

ゼロから踏み出すのではなく、経験者から聞くことで近道ができる。それを忘れないでほしいと思います。

この本は何度でも繰り返し読んでほしい

最後に、本書の使い方についてご提案させてください。

私自身、好きな本は人生の節目に何度となく読み返し、そのたびに新たな発見をしているように思います。

本書を開いてくださっているみなさんにとって、この本も、ぜひそんな1冊になってほしいと思います。

これだけ情報が多様化する時代だからこそ、多くの人は次から次へと新しい本を読むでしょう。しかし、本書の終盤でお伝えしたように、１回本を読んだだけでは人の中身は変わりませんし、知識も定着しません。

同じ本を繰り返し読む行為とは、スポーツの基礎練習のようなものだと思います。サッカーであればリフティング、ドリブル、シュート練習を、野球であればキャッチボールやトスバッティング練習を、柔道であれば立ち技の打ち込みや投げ込み、寝技の抑え込みの練習を、体に染みつくまで何千、何万回と反復練習してきたはずです。

基礎はすべての土台になるからです。

しっかりと強固な土台を作るために、何度も基礎的な体の動かし方をインプットし、身体や頭に叩き込む必要があるのです。

読書も同様で、大切な情報や知識は、何度も繰り返し頭の中に叩き込む必要があります。

このような本を繰り返し読む〝基礎トレーニング〟の頻度は、1日1回なのか、1か月に1回なのか、1年に1回なのか、それとも落ち込んだタイミングなのかはご自身のお好みでかまいません。

毎回1冊すべてを読み通す必要もありません。目次を見返したり、見出しを眺めてみたり、気になる一節を目に通すだけでもいいでしょう。どんなページでもかまいませんので、ぜひ定期的に読み返してほしいと思います。

みなさんにとって、この本が人生において繰り返し読みたくなる1冊になれたなら、そしてあなたの部屋の本棚にいつも置かれる1冊になれたなら、著者としては幸甚の至りです。

2024年夏　松本隆宏

松本隆宏 *Takahiro Matsumoto*

ライフマネジメント株式会社代表取締役。1976年、神奈川県相模原市生まれ。高校時代は日大三高の主力選手として甲子園に出場。東京六大学野球に憧れ法政大学へ進学。大学卒業後、住宅業界を経て起業。「地主の参謀」として資産防衛コンサルティングに従事し、この10年で数々の実績を生み出している。また、最年少ながらコンサルタント名鑑『日本の専門コンサルタント50』で紹介されるなど、プロが認める今業界注目の逸材。

著書に、
『地主の参謀－金融機関では教えてくれない資産の守り方－』
（2018年、エベレスト出版）、
『アスリート人材』
（2022年、マネジメント社）、
『地主の決断－これからの時代を生き抜く実践知－』
（2023年、サンライズパブリッシング）、
『地主の真実－これからの時代を生き抜く実践知－』
（2023年、マネジメント社）、
『プロたちのターニングポイント』
（2024年、サンライズパブリッシング）、
『アスリート人材の底力－折れない自分のつくり方－』
（2024年、サンライズパブリッシング）、
『アスリート人材の突破力－才能を引き出す気づきの法則－』
（2024年、マネジメント社）
がある。

ラジオ大阪OBC（FM91.9 AM1314）にて、毎週水曜日19：45～20：00
「松本隆宏の参謀チャンネル®」を放送中。

の著作一覧

プロたちの
ターニングポイント

（2024年4月・サンライズパブリッシング）

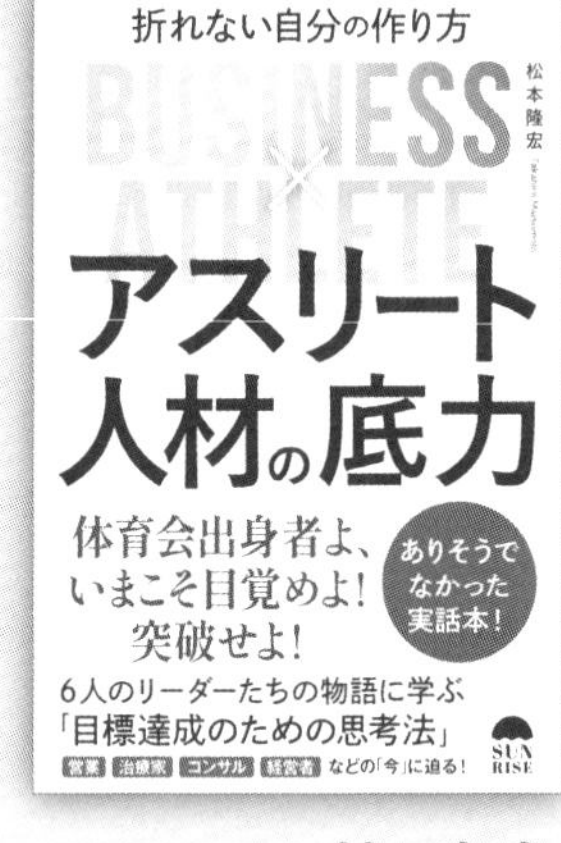

アスリート人材の底力

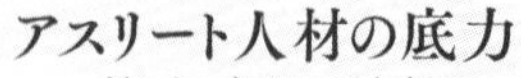

－折れない自分のつくり方－

（2024年6月・サンライズパブリッシング）

The 参謀

－歴史に学ぶ起業家のための経営術－

（2024年9月・游藝舎）

アスリート人材の突破力

－才能を引き出す気づきの法則－

（2024年11月予定・マネジメント社）

松本隆宏

地主の参謀
―金融機関では教えてくれない
資産の守り方―
（2018年12月・エベレスト出版）

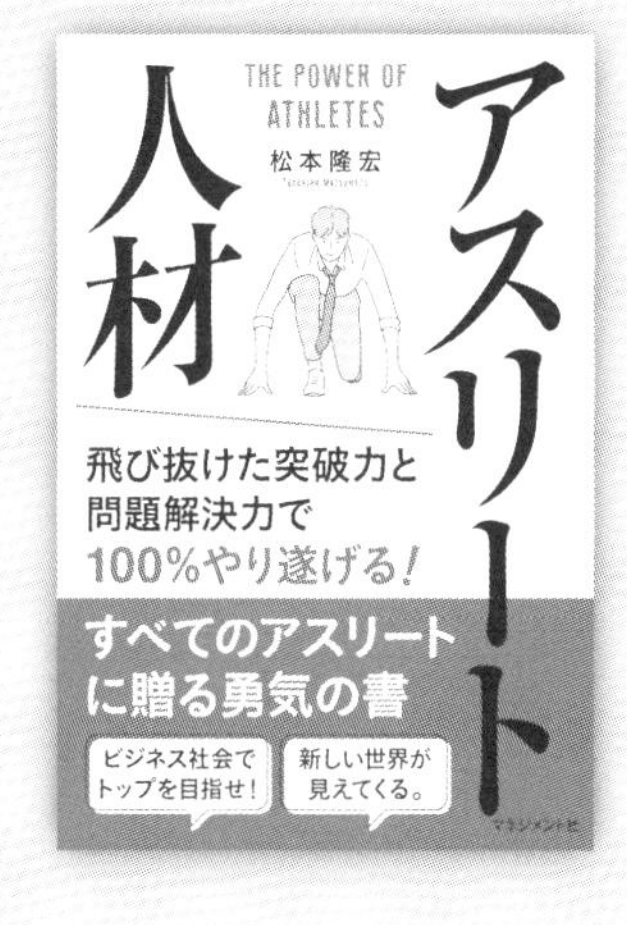

アスリート人材
（2022年10月・マネジメント社）

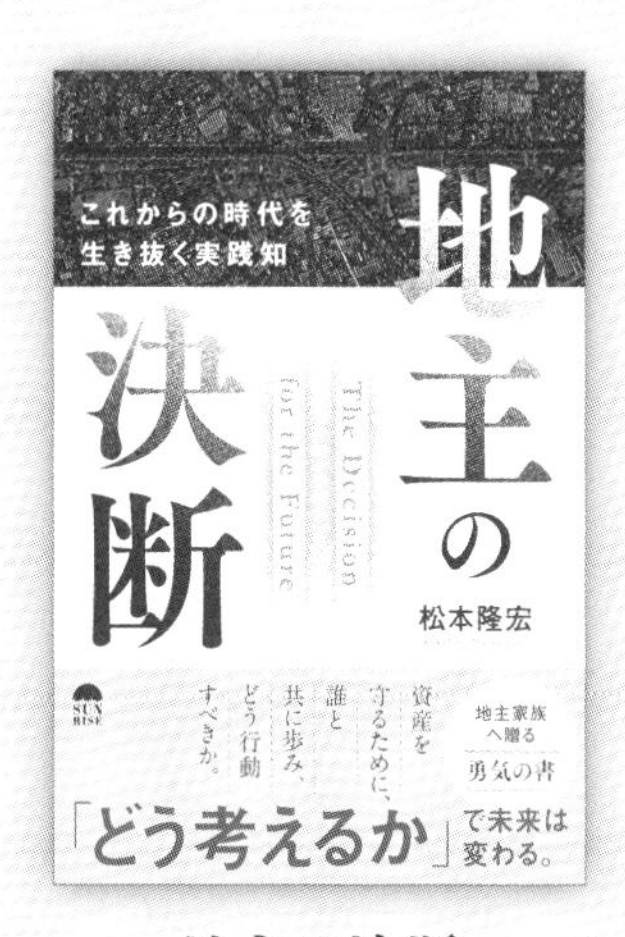

地主の決断
―これからの時代を生き抜く実践知―
（2023年7月・サンライズパブリッシング）

地主の真実
―これからの時代を生き抜く実践知―
（2023年11月・マネジメント社）

The
参謀
歴史に学ぶ起業家のための経営術

発行日――2024年9月30日　初版第1刷発行
著者――松本隆宏
発行所――株式会社 游藝舎
〒150-0001
東京都渋谷区神宮前2丁目28-4
電話　03-6721-1714
FAX　03-4496-6061
印刷・製本――中央精版印刷株式会社

ISBN 978-4-9913351-8-1　C0034